U0801046

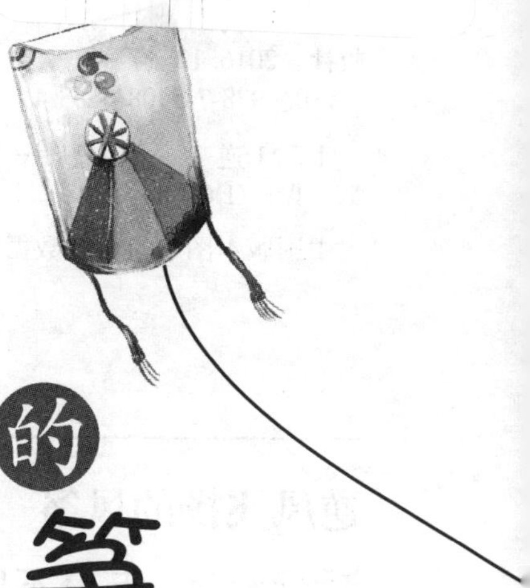

逆风飞扬的风筝

渐 行 渐 远 / 年 少 不 回

胡蓉▸著

四川教育出版社

图书在版编目（CIP）数据

逆风飞扬的风筝/胡蓉著. —成都：四川教育出版社，2016. 12

ISBN 978-7-5408-6688-4

Ⅰ. ①逆… Ⅱ. ①胡… Ⅲ. ①真善美－教学研究－小学 Ⅳ. ①G621

中国版本图书馆 CIP 数据核字（2016）第 255037 号

逆风飞扬的风筝

渐行渐远/年少不回

责任编辑 赵 文
装帧设计 武 韵
责任校对 史敏燕
责任印制 杨 军 陈 庆
出版发行 四川教育出版社
地 址 成都市槐树街 2 号
邮政编码 610031
网 址 www.chuanjiaoshe.com
印 刷 成都金龙印务有限责任公司
制 作 四川胜翔数码印务设计有限公司
版 次 2016 年 12 月第 1 版
印 次 2016 年 12 月第 1 次印刷
成品规格 148mm×210mm
印 张 7
书 号 ISBN 978-7-5408-6688-4
定 价 25.00 元

如发现印装质量问题，请与本社联系调换。电话：（028）86259359
营销电话：（028）86259605 邮购电话：（028）86259694
编辑部电话：（028）86259381

序

初识胡蓉老师在十多年前，那时我们都是区语文中心组成员，常常到各校与语文老师一同交流学习。胡老师独到的教学思考，给我留下深刻印象！

从 2007 年到现在，有幸与胡蓉老师成为同事，也有了许多机会听到胡蓉老师的课。还记得她的古诗对比教学以及群文阅读教学，别具一格，让人充分感受到她颇深的文学功底。特别是儿童阅读与习作课《我爸爸》，让孩子们在听故事、讲故事、写故事中感受父亲对自己浓浓的爱。许多孩子是眼含热泪，写下了对父辈的真切话语。

听胡蓉老师的课，你会感觉到她对学生发自肺腑的真情，眼神间满是对孩子们的欣赏与鼓励。她特别注重引导学生自主、个性地学习，尤其是对学生阅读兴趣的激发及阅读品质的培养。难怪有时学生会说：“胡老师，你不用讲了，我们自己看书吧！”这当然不是胡蓉老师讲得不好，而是孩子受老师的感染，迫不及待地想要自己去探求了。这正是我们的教育所想要的效果啊！

《逆风飞扬的风筝》是胡蓉老师多年的心血，也是首次尝试将自己教学生涯中所见所思变成完整的作品。不仅是精巧的结构、曲折的情节、隽秀的文笔，单就是作者细腻的观察与思索、涓涓而来的校园气息与孩童情思就足以引人入胜。以孩童的眼光看世界，给孩童真实自然的世界，让他们在阳光和风雨中和谐生长，我想这是胡蓉老师想要告诉我们的。

逆风中飞扬的风筝，可能是多彩的，也可能是凌乱的，但肯定是张力非常的。借风而行，踏风起舞，逆风飞扬，人生何尝不是如此。

真的要感谢胡蓉老师，作为一线教师，在完成繁重的教学任务的同时，精心写下这部校园小说，带给孩子们这份礼物。不是每位教师都必须要这样做，但每位教师都应该像胡蓉老师这样走进孩童心灵，走进教育的原生地带。

我曾将胡蓉老师的书稿请人民教育出版社的王林老师审阅，他给予了书稿肯定，也提出了一些中肯的意见和建议。感谢王林老师对一线教师的支持与帮助。

《逆风飞扬的风筝》即将出版，请老师、同学们给予关注——关注作品，关注胡蓉老师！

张友红

（全国优秀校长、成都市金牛区教育专家、感动金牛教育灯塔人物）

二〇一六年夏

目录

引　子

张乐怡的父亲在自己35岁生日那天做了他人生当中最重要的一个决定：举家迁往城市。

对于张乐怡的父亲来说，这是极其不易的。至少他的这个举动和自己的父亲——张爷爷最初的愿望是背道而驰的。

张爷爷原是城里人，当年流行“知识青年下到农村去”，于是热血沸腾的张爷爷，背起一个挎包便汇入了时代的洪流中。尽管祖爷爷千般阻挠他唯一的儿子，可依旧没能拦住张爷爷的脚步。为了表示自己的决心，张爷爷甚至找了一个当地女人，也就是张乐怡的奶奶结了婚。祖爷爷一气之下就和张爷爷断绝了关系。在祖爷爷去世后，张乐怡便失去了城里唯一的亲人，也失去了城市的根脉。

张爷爷去了离城市很偏远的一个小山村，他痴迷那里的山光水色：“连绵的青山百里长，巍巍耸起像屏障，青青的山岭穿云霄，白云片片天苍苍，我站在高岗上远处望，那一片绿波海茫茫……”

其实不用站在高岗上，便可看见绵延起伏的群山和如海般茫茫的绿波。那里除了鸟雀的啁啾、牛羊的叫声和大人们呼儿唤女回家的声音，一切都是安静的，安静得连现代通讯工具——手机到了那里都会失去信号。

张乐怡的父亲只上过两年小学便辍学了，尽管他表现出对知识的极大渴望，可是，屋檐头边的喇叭花终究开不出人民币。这是张乐怡的父亲心头永远的痛。

在偷偷爬上村头小学那堵破烂的墙头，羡慕地听着教室里琅琅的读书声而被驱赶过无数次之后；在对着蓝天白云流了无数次眼泪之后，张乐怡的父亲不得不在残酷的现实面前低下头，安心了日出而作、日落而息的生活。

不忙的时候，张乐怡的父亲便会坐在门前石凳上望着村口的小路——山里唯一一条连接着外面世界的纽带，发呆。蜿蜒的小路在百米开外便被群山阻隔，于是那闪闪发亮的眸子不到一分钟便会变得如同夕阳褪却、夜色笼罩下的群山——沉重而又黯淡。

张乐怡的父亲就这样用另一种方式固执地坚守着他心中的希望，如此周而复始。

然而，时间是医治心灵创伤的最好良药。

在喇叭花开了又谢，谢了又开过几次以后，张乐怡的父亲最终连在门前看一眼村口小路的兴趣也没有了。

张乐怡的出世给她的父亲带来了一线希望。然而张乐怡的成绩却和她俊俏的模样极不成正比。

“想当年我考的分数不知道是你的多少倍!”这是张乐怡的父亲在拿到张乐怡的成绩单后说的频率最高的话；张爷爷在看了成绩单后总会叹口气然后蹲在屋檐边抽闷烟，不知是抽烟的原因还是张乐怡的成绩给爷爷带来的刺激，每到那时张爷爷便会剧烈地咳嗽个不停。

“我们班成绩都是这样。”这也是张乐怡为给自己开脱而常说的话。

“以后有可能还是去城里吧，在那里娃娃可以受到更好的教育。”临终时，张爷爷这样反复地交代。

曾已死寂多年的希望在张乐怡父亲的心里又闪出了一点火苗。但转瞬又被现实浇灭：去城里靠什么生存呢？自己既无多少文化又没有什么技能！

其实张乐怡父亲的担忧不无道理，后来他们的经历也证实了这点。在跑了上百次职介所彻底失望以后，他们只好依赖祖辈传下的手艺，做起了跑街串巷的串串香生意。

也许是张爷爷骨子里的那股执着的“上山下乡”劲儿遗传给了张乐怡的父亲，尽管前面的困难如同村边连绵的群山般让人看不到尽头，但一旦是他决定了的事情，便如开弓的箭绝不回头。

人生就像一个圆，不知在什么时候又会回到最初的出发点。

在爷爷辈丢失了城市的根脉之后，张乐怡的父亲却试着要在那鳞次栉比的建筑群里，种下新的希望。

第一章

为了梦想，奔跑

一

张乐怡的新学校——光明小学，位于平原市东边二环一路。一个多月前张乐怡才转学到这里。

宽阔气派的塑胶操场后面有两栋高大的教学楼矗立在校园的东北边，正前方是一个巨大的回廊，一泓湛蓝的池水清澈见底，一片片雕琢成荷叶形状的白色大理石刚刚与水面相平。往西是一座假山雕琢成的石门，往东是一座古朴安详的石亭。一株极大的栀子花站在石亭边的小山上，笑望着每一位来访者。穿过石门便是一座花园——仿佛世外桃源般地静坐在校园的西北角，一条石径直通花园的深处，两只石狮威严地把守着石拱门。往前是种满了睡莲的池塘，躺在园子的中央，一株株高大的铁脚海棠与棕榈树站在两旁。再往前是一块巨石，上面刻有文字，旁边的几张石桌石凳供人休憩。

刚来到学校，张乐怡就被它的漂亮与典雅震撼了。可现在，这一切都吸引不了她的目光。现在，张乐怡的脑子里全都是杨小婕的那双鞋，大概她也是被那个“勾勾”给勾住了。

“哇！小婕，你的鞋子好漂亮哦！”

刚下早读课，杨小婕的跟屁虫林林便大呼小叫起来，她的眼珠子被鞋子上那个“勾勾”的标志给勾住了，半天都没缓过神来。

一下子有很多同学聚集在了杨小婕的身边，张乐怡的目光也不由自主地被吸引了过去。

“呵，真漂亮！”

“很贵吧？”

“什么地方买的？”

“多少钱？”

大家七嘴八舌地议论开了。

杨小婕昂了昂她的漂亮脖子，起身转了一圈，很爱惜地拍了下鞋子——那是一双崭新的耐克鞋。其实鞋子上并没有灰，可杨小婕从不放过每一个展示自己的机会。

“868元，限量版的!”杨小婕的嘴角不自觉地向上扬了扬。

“呵……”

一阵惊叹声此起彼伏。

张乐怡下意识地把脚往桌子下面缩了缩，因为她很清楚，她妈妈给她买的鞋子从来没超过50元，而且一般都是从批发市场——莲花池淘回来的。

其实，能走出山村到城里读书已经很不错了，她还能奢望什么呢?

可张乐怡仍然有些不甘心。她想不明白，为什么自己就不能出生在这样的大都市，不能生活在那样富裕的家庭里?为什么自己的生活里除了白米饭就是廉价鞋?

不知什么时候，空中又飞起了雨丝。

“无边丝雨细如愁”，这秋雨一如那突如其来的忧愁，悄悄笼上了张乐怡的心头。

“868元!爸妈要卖多少根串串才能赚到这么多钱呢?”张乐怡在心里想，“素串串两毛，荤串串五毛，要卖1200

根……不对……2600 根……仿佛也不对。”张乐怡索性从书包里掏出笔和纸。

“天啊，仅是荤串串就要 1736 根！”

张乐怡倒吸了一口气，“那得走多少条街，穿多少条巷才能卖出这么多呢？”

张乐怡的数学不好，这不能怪她，她的爸妈也经常弄不清楚。

“这可能就是遗传吧！”张乐怡想。

更重要的是数学老师对杨小婕那个亲热劲儿：

“小婕今天真乖！”

“小婕真聪明！”……

这样的话听多了，真让人恶心，但也让张乐怡对数学失去了兴趣。

有时候张乐怡也在想：“这也难怪，人家杨小婕长得漂亮，家境又优越，爸爸是政府公务员，妈妈在教育局工作。不过，我张乐怡也不是吃素的，虽然穷了点，但咱还是有傲骨的。可……”

张乐怡摇了摇头，“为什么自己这么没底气呢？”

二

“钟恒宇！”

这声音不大但语气中透着一种不容置疑。不用说，这是梁逸轩。

这个梁逸轩不管做什么事情总是不紧不慢的，也不见他怎么看书，但成绩就是好。

“也许这就是所谓的‘天才’吧。”张乐怡在心里暗暗想。

“到！”

刚才还和同学打闹得正欢的钟恒宇立刻安静了下来。他扶了扶下滑的眼镜，小眼睛里一下子放出了光亮。那瞬间的光亮估计能照亮整个夜空，同时他脸上的每一个细胞也都欢快地舞蹈起来。

“打球去！”

“好啊！”

钟恒宇高兴得一把推开身边的人，“嗖”的一下翻过课桌，手忙脚乱地在自己书包里一阵乱翻。

为了能和梁逸轩在业余爱好上保持一致，他特意去专卖店买了副红双喜拍子。

“我也要去！”大胖子魏翔鹏在一旁附和着。

“去！哪里凉快哪里去！”钟恒宇有些不耐烦地朝魏翔鹏吼道。

也难怪，魏翔鹏的长相，实在太过谦虚。夸张点说，那简直可以叫作“惊心动魄”。

“世上怎么还有这么丑的人呢？”这是所有第一次见到魏翔鹏的人共有的最本能的反应。

那张大嘴，咋说呢？估计一家三口的饭锅也赛不过它。啧啧，那鼻子比飞机场的跑道还平坦。你看，架副眼镜也老是往下溜，不得已他才用了两根线挂在耳朵上，可还是有下坠的趋势。头发稀疏无力。你见过秋天的稻子被收割以后，遗留在田间的那些参差不齐的稻茬被连绵的秋雨浇过之后的情形吗？那就是魏翔鹏头发的写照。

更可笑的是，他的那张大嘴唇上居然隐约有些小胡子了。你千万别以为那是他成熟的标志与象征，那都是广告给害的。

据说魏翔鹏的爸爸怕他长不高，那时电视上天天都有人在叫嚣“增高不留痕，请喝超高神”。魏翔鹏的爸爸不想儿子步他的后尘，于是一下子买了二十多箱超高神，天天监督魏翔鹏喝。结果个子没给魏翔鹏催高，倒是三下两下将他催胖、催熟了。

魏翔鹏虽然也架了副眼镜，但并不表示他就是个文化人，学习成绩也就是中下水平。人又不灵活，做个操，甩的都是同边手。

你说有谁愿意把这样的人带在身边呢？

三

“爸妈怎么还不回来？”张乐怡焦急地看了看墙上的钟，指针才指到10点，爸妈回来至少都是晚上11点后的事了。

“我这是怎么啦？以前老是觉得爸妈回来得太早，害得我不能看卡通。可今天……咿！那个樱桃小丸子，怎么也穿了双耐克鞋？……为什么时间过得这样慢？……不行，今天我一定要告诉爸妈……怎么还不回来……我不能再这样忍着了……我要耐克鞋……”张乐怡望着电视出神地想着。

当家里那只破旧老钟的指针指向11点20的时候，门终于被推开了。

“咋还没睡觉呢？快去睡觉，不要老是看电视。”妈妈一进门就使劲地催促道。

“如果你把这种劲用在学习上就好了。”爸爸有些不满意。

要是以往，张乐怡总会噘起小嘴一边大声地说：“知道了，烦不烦呀！”一边将遥控器重重地往沙发上一摔便去会周公了。可今天，张乐怡既没有蹦出以前的惯用语也没有半点挪动屁股的意思，而是用乞求的目光望着妈妈。

“怎么了，宝贝？”妈妈以为张乐怡病了，有些紧张地用手摸了摸张乐怡的额头。

“妈妈！”张乐怡能清楚地听到自己声音里的小心翼翼，她的眼睛一直盯在爸爸的手上。爸爸又在茶几上清理今天的战果——一元一元的硬币或纸币。

“我们班有个同学买了双运动鞋，好好看。”

“再好看也是穿在脚上踩泥巴的。”爸爸头也没抬。

张乐怡并没有气馁：“妈妈，我那双鞋都穿了一年了。”

“不是还可以穿吗？”妈妈有些不以为然。

“可是，我想要双新鞋。”张乐怡扬起半眯的眼睛，睫毛上竟挂起了泪珠，此时她真的觉得能穿上像杨小婕脚上那样带“勾勾”的鞋就是她最大的梦想了。

一看见张乐怡的泪水，妈妈的心就软了下来。

“好了，好了，不哭。过两天妈妈有空了，去趟批发市场。”妈妈爱怜地摸着张乐怡的头说，“快去睡吧。”

张乐怡突然觉得心痛起来：我张乐怡凭什么只配穿地摊货！

她的眼泪大滴大滴地掉了下来。她知道无声的哭比那种呼天抢地的干号更有效。不是有句话叫“无声胜有声”吗？

妈妈一下慌了手脚，爸爸也停止了手中数钱的动作。

“不就是一双鞋吗？好，给你买一双！”爸爸朝她挥了挥手。

“耐克！我要耐克!”张乐怡怯生生地揉着眼睛。

“什么?”爸妈同时停止了手上的动作。

“耐克，一种运动鞋的牌子，868 元!”透过泪珠帘张乐怡小心翼翼地观察着父母。

“啊……”父母的反应不约而同。

“这么贵，要不咱还是买其他的吧?”妈妈的语气中明显留有商量的余地。

“不嘛，同学们都嘲笑我是乡巴佬……”张乐怡毫不退让。

张乐怡的这点“傲骨”应该是缘于她爸爸的真传。果然，过了很久，张乐怡听到了她最想听到的话，不过，那话仿佛是从他爸爸的牙缝里憋出来的。

“好，不就是一双运动鞋吗!”

爸爸顿了顿，“不过有个条件，你什么时候考到了班级的前十名，我就买给你……”

张乐怡心满意足地去睡了，并且做了个梦。她梦见自己穿上了耐克鞋，好多同学都围着她说漂亮。

梦由心生，看来一点都不假。

四

“你站在桥上看风景，看风景的人在楼上看你。明月装饰了你的窗子，你装饰了别人的梦。”这是最近梁逸轩常对跟在他屁股后面的魏翔鹏和钟恒宇说的。

每当听到这些，魏翔鹏总是用崇拜的目光仰望着梁逸轩，尽管他压根儿就没有搞懂这句话的真正含义。

魏翔鹏是孤独的。不过他似乎又并不孤独。

“天生我材必有用!”这句话在魏翔鹏的身上得到了充分的体现。

魏翔鹏迷上了网络，网名叫“我是帅哥我怕谁”，吸引了无数女生的眼球，大家都抢着和魏翔鹏说话。

魏翔鹏从来没受到过如此礼遇，一直孤独寂寞的心灵瞬间被激发得波涛澎湃，幸福的红晕一层层地在他的脸上荡漾开来。

一到放学，魏翔鹏准会迫不及待地往街边那个叫“龙之网络”的地方跑。

尽管在网吧的外面政府早贴了通告：“网吧不得接收未成年人。”可那顶多是个形式罢了。

网吧可以拒绝未成年人，但能拒绝钞票吗？

据说在一次“严打”的时候，文化稽查大队去网吧稽查，愣是把魏翔鹏给忽略了，你说有未成年人长胡子的吗？

从那以后魏翔鹏更是肆无忌惮地往网吧跑。每当放学铃声一响，第一个以百米冲刺的速度冲出教室的绝对是魏翔鹏。尽管他戴着近视眼镜，尽管他短跑成绩常常不及格，可兴趣是最好的老师，它可以将一个愚笨的人变得机灵起来，看来这是有道理的。

梁逸轩眼中的“风景”是隔壁班的一个名叫涂悦然的女生。涂悦然是五年级二班的文艺活跃分子，她不仅活跃在他们班上，也经常活跃在学校举办的各种活动上。

涂悦然，小巧的身材，白里透着一点红的小脸，娇滴滴却又毫不做作。尤其是那如潭水般的眸子更是让她透出一股天仙般的气质。

不像张乐怡和杨小婕，尽管别人也叫她们“美女”，但张乐怡的美沾上了太多的山野味，其中隐约还有些泥土的气息。而杨小婕的美，则宛如冬日的峨眉山顶——冷冰冰的。

有人说生命是一种缘。对于缘分这个词，梁逸轩算是有了深刻的认识。

那个草长莺飞的季节，涂悦然穿着白色的连衣裙，一蹦一跳地从校门外进来，梁逸轩的足球没迟到一步，也没早到一步，刚刚好就滑落在涂悦然的脚边。

涂悦然停下欢快的步子，用黑色的皮鞋轻轻地勾住足球，憋足气，涨红了小脸，“嘿哟”一声把球踢给了梁逸轩。

那一脚，踢开了梁逸轩的心扉。梁逸轩一直目送着涂悦然走回教室。于是，梁逸轩将他与涂悦然的初次相见视为缘分，因为那天梁逸轩并不想去踢球，而且足球也不是他喜欢的运动，他是被韩梦柯硬拽过去充人数的。

从那天以后，梁逸轩陷入了一种他从未体验过的情感里。他时常会发出痛苦的呓语，诸如：“隔壁班的那个女生，怎么还没有经过我的窗前?”之类的。当然，他也会莫名地望着窗外，莫名地发呆，莫名地期盼着……

梁逸轩的文章本来就写得好，自那以后，写作水平更是突飞猛进。

每当听到梁逸轩深情地朗诵那些关于爱情的诗句时，魏翔鹏眼里闪烁的那种光亮，即便是透过他厚厚的镜片也可以把黑夜照亮，尽管他压根儿就没有弄懂那些诗歌的真正含义。

不过那瞬间的光亮只是像流星一般滑过，旋即他又陷入了黑暗之中，那是无边的黑暗。

尽管黑夜也给了魏翔鹏黑色的眼睛，而他也曾用它来寻找“光明”。

在一群和他聊天的女生中，魏翔鹏和一个网名叫“一枝梅”的女生打得分外火热。

据“一枝梅”说她已经读六年级了，就在西二街小学。魏翔鹏知道那是个重点小学。

对“一枝梅”能读上重点小学，魏翔鹏首先就表示出了钦佩。而“一枝梅”对魏翔鹏也是佩服得五体投地，因为魏翔鹏能下得一手好棋。

一来二往，魏翔鹏和“一枝梅”俨然成了知己。

魏翔鹏撇开其他女生，专心地和“一枝梅”对话。后来更是发展到“一枝梅”在网上直接叫魏翔鹏“帅哥”，而魏翔鹏则叫“一枝梅”为“梅妹”。

其实“一枝梅”比魏翔鹏还大一岁零三天。

“一枝梅”仿佛不再满足于网上聊天了，好奇心促使她想看看“我是帅哥我怕谁”到底有多帅。

魏翔鹏知道自身条件的局限性，屡屡推脱。他实事求是地告诉“一枝梅”说：“我是恐龙。”而“一枝梅”却坚持认为：“长得帅的人都比较谦虚。”

魏翔鹏越是解释，“一枝梅”越是不信，她总认为那是魏翔鹏过分的谦虚和低调。

也许是吹捧的语言听多了就会让人失去理性、忘记已存的事实。在“一枝梅”甜言蜜语的“诱惑”之下，魏翔鹏决定赴佳人之约。

五

“月儿弯弯照九州，几家欢乐几家愁？”

再过几天就是中秋节了。这不，一大早五一班就闹开了锅。

班长李俊杰站在讲桌前，振振有词地说：“中秋节要到了，我们要给敬爱的老师表达爱心。”

韩梦柯突然在下面冒了句：“今年过节不收礼，收礼只收脑白金。”

“脑白金呵脑白金！”钟恒宇阴阳怪气地接嘴。

“轰”的一声，笑声在教室中炸了开来。

林林如小蛇一般，一下子窜到杨小婕跟前：“小婕，你准备给老师送什么？”

“还能送什么，月饼呗。我家现在连墙角都堆满了月饼，给老师几盒就行了。”杨小婕扬了扬她的长脖子。

林林用惯常羡慕的目光看着杨小婕，真恨不得自己家里也有很多月饼可以送给老师。

当然，那是不现实的。林林的妈妈是卖水果的，最大的可能就是她从水果摊上捡到别人忘记拿走的月饼。

“一点骨气都没有！”张乐怡最看不惯的就是林林这种态度。

“缺乏做人的最起码尊严。人怎么能那么轻易就被生活打败呢？”

张乐怡心想，同时转身看了看杨小婕，她正在旁边摆弄着心爱的手表，听说是她爸因公出差从美国带回来的。

“崇洋媚外！”张乐怡噘了噘小嘴。不过她私下承认，那款表戴在小婕的手上还是很漂亮的。

“张乐怡，你准备送什么？”钟恒宇冷不丁地转过头来问。

“我……”张乐怡嗫嚅着，身体已飘在了三万英尺的云端——严重缺氧了。

该送什么给老师呢？张乐怡一直拿不定主意。

“送束花吧！”妈妈说。

在山里读书时，每到节日，妈妈都会让张乐怡在上学的路上采一大束野花送给老师。

“花？又是花！”

张乐怡尖声叫了起来，同时她清晰地听到自己浑身的鸡皮疙瘩正扑噗扑噗往下掉的声音。

那曾经戴在张乐怡头上的花是她心中永远的痛。

转学过来的那天，妈妈特意精挑细选了一朵花插在张乐怡头上。据同学们后来说，当时的张乐怡简直跟电视里的小媒婆差不多……

估计张乐怡尖叫的分贝实在太高，在她的尾音还未完全消失时，隔壁的窗户“咚”地打开，同时传出了责骂声。

妈妈连眉头也没皱一下，继续和爸爸数着茶几上的零钞。

“要不，请老师吃我们的串串吧？”妈妈继续好心地提议，“味道真的不错呢。别人都说很好吃……”

张乐怡有些绝望：她可以忍受没有质量的生活，但是人不能没有追求。难道自己的视野里就只配有野花和串串吗？

瘫在沙发上的张乐怡无语了，沉默是无声的反抗。

爸妈早已摸透了张乐怡的脾性，妈妈又开始出主意了：“要不，送月饼吧?”

一下子，张乐怡来了精神，她抬了抬身子。

“夜市摊上五元钱可以买三斤，要不买三斤让小怡给老师拎去?”妈妈似乎在跟爸爸商量。

张乐怡那刚抬起的身子又颓丧地回复了原形。有时候她真怀疑自己是不是爸妈的亲生女儿。

张乐怡继续沉默着。

不在沉默中爆发，就在沉默中掉眼泪。哪一种都是张乐怡爸妈不愿看到的局面。

“宝贝，你说送什么好呢?”妈妈小心翼翼地问张乐怡。

是啊，该送什么呢?

刚好电视上传来甜蜜的声音：“德芙，送给最亲爱的人。”

对，就是它！张乐怡指了指电视。

中秋节的前一天晚上，妈妈帮张乐怡买来了巧克力。

而张乐怡却辗转反侧难以入眠。

月光如流水般静静地洒在张乐怡那不到五平方米的小屋子里，也洒在了那盒摆放在床头的巧克力上。在月光的映照下，它显得愈发诱人。张乐怡那幼小的心灵怎么能经受得住这近在咫尺的诱惑呢？

坐起身子，张乐怡屏住了呼吸，她一边小心翼翼地撕着包装纸，一边在心里念念有词："包装纸拆开了，盒子打开了。啊，香甜的巧克力，我就看你一眼。"

几分钟以后，张乐怡拿出了一颗巧克力，就着皎洁的月光她反复地看了又看，闻了又闻。多漂亮的包装纸啊，多迷人的香味呀！张乐怡使劲地吸了几下气，不舍地放下；然后又拿起闻了闻，再吸几下，如此反复……

有时候张乐怡不得不承认自己是个缺乏耐心的人。她不再满足这几下机械的动作了：她拿起一颗巧克力，剥开漂亮的糖纸。"我只是看看。"张乐怡这样安慰着自己。

糖果的香甜真实得可以触摸。张乐怡不自觉地将巧克力放在了嘴里，体味着它的香甜细滑。她完全沉浸在甜蜜的幸福里。谁说幸福只是毛毛雨？只可惜张乐怡忘了：幸福总是短暂的。

等一颗巧克力完全下肚后，张乐怡咽掉了最后一口泛着香甜味道的口水，这才回过神来，顿时慌了手脚——她吃掉了送给老师的礼物。不过，那只是短暂的慌乱。

“反正都吃了一颗，里面还有那么多，再吃一颗又何妨?”就这样安慰着自己，张乐怡又吃了一颗。

此时，连张乐怡自己都不得不佩服自己的“临阵不乱”!

“老师也吃不完这么多，我再吃一颗。”……她不断地给自己找理由。

张乐怡终于明白了，人为什么总会一错再错。对，是诱惑！是诱惑将人们一步步地引入深渊!

其实刚开始的时候，她也只是慢慢地用舌头去感觉，可最后敌不过诱惑的她干脆用上了锋利的小牙齿……

第二天早上，妈妈准备亲自将巧克力送给老师，可张乐怡却一再坚持要自己送。

一到学校，张乐怡就“勇敢”地将礼物送给了唐老师，并诚实地告诉老师自己吃了几颗。

唐老师怜爱地摸了摸张乐怡的小脸，说：“你们守纪律，爱学习就是给老师最好的礼物。小怡喜欢，就拿着自己吃吧！”

回家后，张乐怡的妈妈直夸奖张乐怡长大了。

张乐怡有些疑惑：如果真长大了，自己还会有这份“勇敢”吗？

六

“有谁知道朱雅娟昨天和今天为什么都没来上学吗？”第一节课前唐老师问大家。

唐老师是刚从师范大学毕业分配到光明小学接任五年级一班班主任的新老师。

没有一个人吭声。

对于那些熟悉得不能再熟悉的人和事，人们总是熟视无睹，甚至在不经意间就忽略了他们的存在。

是呵，昨天朱雅娟没来上课，竟然被大家忽略了。

“有谁知道她住在哪里吗？”唐老师环视了一圈教室。

钟恒宇举起了手。

“那好！钟恒宇，下午放学后你去她家看看。”

第二天，朱雅娟的位置仍然空着。大家忽然觉得教室里的气氛显得有些冷清。

尤其是张乐怡，她已经习惯了朱雅娟一下课就像蜜蜂似的到处传播着她的快乐。就是在朱雅娟那张好像关不住水闸般的小嘴中，张乐怡那初涉异乡的孤独感才不知不觉地如烟雾般慢慢飘远了。

钟恒宇没有找到朱雅娟，但带回来的消息却着实让人感到沉重。

朱雅娟来自大巴山腹地。

在她三岁那年，她的爸爸得了一场重病，为了节约钱，家人去山上挖了一些草药胡乱凑合着熬水让他喝了。

农村里都是这样，不但缺医少药更缺钱，谁家有人生病了，也都只是去山上挖些草药来熬着喝。

可是那一次，雅娟爸爸的病情不但没好转，反而愈发严重。

也许是她的爸爸察觉到自己将会不久于人世，于是将雅娟妈妈叫到床前，千叮咛万嘱咐，希望她能将雅娟培养成人，不要像父母一样一辈子都窝在山沟沟里。

同时他又把雅娟紧紧搂在怀里，泪水大滴大滴落在她的头上。最后雅娟爸爸说想要饱饱地吃一顿肉。

雅娟妈妈忙擦了泪，收拾起家里仅有的二十多个鸡蛋便往三十里外的集市跑。

飞跑的途中，雅娟妈妈一不留神，被脚下的石头一绊，连人带鸡蛋一起滚落到路边的一个泥坑里。那些蛋便飞花碎玉般地撒了她一身，她的膝盖和脸上也被擦出了血。

雅娟妈妈已管不了那么多，哭着爬了起来，发疯般地用双手在泥坑里揽着那些蛋黄和蛋清，可是抓在手里的都是被蛋清打湿了的泥土。

她绝望地爬出坑，一瘸一拐地继续往集市上赶，找熟人赊了两斤肉便火急火燎赶回家，刚把肉放到锅里还没来得及生火时，雅娟爸爸就断了气。

雅娟爸爸在死前连肉都没来得及吃上一口，这是雅娟妈妈心中最大的遗憾，也是她心中永远的痛。

埋葬了雅娟爸爸，雅娟妈妈以不到千元的价格贱卖掉了那一半是草一半是瓦的房屋和田地里那些尚未成熟的庄稼，带着雅娟来到了平原市。那情景正可谓：二月卖新丝，五月粜新谷。医得眼前疮，剜却心头肉。

城里的一切对年幼的朱雅娟来说都是新鲜好玩的：高大的建筑、宽阔的马路、琳琅满目的商品、奔来驰往的车辆……

然而雅娟妈妈却来不及也没有心思去欣赏这道本不属于她们的风景。摆在她面前的是娘俩的生活来源和即将面对的雅娟的上学问题等。

朱雅娟没有这个城市的户口，以后上小学必须要交高额的借读费，妈妈得提前为雅娟上学做好准备。

经人指引，雅娟妈妈去了位于城市东边一个叫九里桥的地方，那是一个大型的劳务市场。在那里求职的人大多是些文化水平不高的人。

雅娟妈妈没有什么文化，像很多农民工一样舍不得交五块钱进求职大厅，只能在职介所门外眼巴巴地等着别人来雇佣。可是连续等了几天也无人问津。

也许是上苍动了恻隐之心，很多天以后终于有一对中年夫妻来到雅娟妈妈跟前。

“你是找工作的吗？”

“对，对！”雅娟妈妈忙堆上笑脸。

中年夫妻将她从头到脚打量了一遍：“会做家务活吗？”

“我什么都能干，我能吃苦。”雅娟妈妈连忙表白，“我以前在家就是干农活的，粗的细的都能干。”

“有身份证吗？”

“有，你看，这是身份证。”雅娟妈妈手忙脚乱地从包里拿出身份证。

“有没有健康证？”

“健康证？我身体很好的，从来没得过病。”

“你在这里有没有什么亲戚？”

“没有。我刚从乡下来，想找份工作。”

“算了吧！”中年女人拉了拉男人的衣服，“现在这些乡下人可小瞧不得，到时将家里东西都偷完了我们上哪找去？”女人小声对男人说。

雅娟妈妈的心里一阵刺痛。

一个慈眉善目的老太太似乎看中了她的老实，想叫雅娟妈妈帮她带孙子兼做家务。

“你会用微波炉和电烤箱吗?”

雅娟妈妈茫然地摇了摇头。

“唉，上次请的保姆就是不会使用电器，结果将我的微波炉搞坏了。”老太太有点惋惜地离开了。

时间就这样飞快地流逝着，雅娟妈妈一直没找到工作。

为了维持母女俩的日常生活，雅娟妈妈只好带着雅娟去收废品同时捡拾一些垃圾来卖。

长期的劳累再加上营养不足，雅娟妈妈终于因为严重贫血而晕倒在路上，被人送进了医院。

每一个人都以为自己很不幸，可是当有机会听到别人的不幸时，才觉得自己的那点不幸真不算什么。

七

还没吃完午饭，办公室里的电话就急促地响起。

唐老师拎起电话，没来得及吐出一个字，就听见话筒里传来德育处主任的愠怒：“小唐，你马上到德育处来一下！”

旋即，电话被挂掉，留下了不知所以的唐老师。

唐老师小跑至德育处时，只见副校长和德育主任正对着一名穿白大褂的中年妇女说着什么。

旁边，张兆勇和高志原像被秋霜打过的茄子，低垂着头，一言不发。

说起张兆勇和高志原，那可是五一班出了名的淘气包。年纪虽然不大，却有着和他们年纪不相称的身高和体魄。他俩整天混在一起，想着法子寻开心：比如假装肚子疼，溜出教室玩泥巴；等同学都去上体育课的时候，把人家的水彩笔从楼上扔下去；撕毁别人喜欢的书和卡什么的。

每当看见同学那因气愤而涨红的脸时，他们就觉得快乐无比。

至于学习，那可得看他们的心情了。

说实在的，张兆勇和高志原的智力那可不是一般人能比的，整个年级，也就是梁逸轩能与之相提并论。

所以，两人是惺惺相惜，形影不离。

今天午餐之后，两个人又手挽着手跑到小操场去玩“泥块击中”游戏。

他们各自找来一堆泥块和小石头互相投打，看谁能击中对方。

玩闹中，张兆勇发现墙外诊所旁有一口锅正冒着热腾腾的气，一丝不易察觉的笑意从他的嘴角漾开去。

俩人一番窃窃私语之后，很快地，小石头和泥块便接二连三从空中划出一道道弧线，穿越围墙，直飞锅里。可怜那一锅香喷喷的菜就这样惨遭“屠戮”。

等白大褂阿姨发现的时候，沸腾的汤水已经变成了泥水。

阿姨责问他们，两人竟不甘示弱，挑衅似的，瞪着阿姨，又是吐舌头，又是皱眉头，极尽所能地扮鬼脸。惹得阿姨大怒，两人便与阿姨你一句我一句地吵了起来。

最后，高志原还撂下一句：

“就是我们干的，那又怎样？”

说完，转身昂头，拉着张兆勇潇洒地走了。

张兆勇和高志原做梦也没想到，阿姨竟然冲到了学校，从成百上千的学生中准确地辨认出他俩，并像拎小鸡一般将他们拎到了德育处。

刚才的疯狂与嚣张全没有了踪影，就像等待宣判的囚徒一般，两人耷拉着脑袋，几滴眼泪也很配合地从他们的脸颊上滑了下来。

唐老师狠狠地瞪了他们一眼，然后朝着白大褂阿姨又是鞠躬又是赔礼，一再表示歉意，好像做错事情的是她自己的孩子，或者说就是她本人。

“你们学校也算是名校了。”白大褂阿姨叹了口气，“怎么会教出这样的学生？”话中满是遗憾。

唐老师又一再表示自己没有把孩子教育好，一定注意，并恳请对方原谅。

“你们老师也不容易！但愿这些孩子只是年幼无知，而不是劣根性！”

白大褂阿姨抛下后面一句让人无法琢磨的话后，走了。

八

夕阳血红血红的，吞噬了整个西边天。

虽然已经临近深秋，可平原市依然有些酷热。被晒了一整天的水泥地面仍散发着令人心烦的燥热，没有一丝风，心情被流下的汗水滴透而变得潮湿。

一番挣扎后，夕阳终于还是不胜悲哀地沿着院子前面那段古墙的青苔游走了，留下老树在余霞中伟岸的背影，宛如一幅古老而凄凉的风景画。

吃晚饭的时候，张乐怡的妈妈无意中说起：“今天有个捡易拉罐的小孩，很像你们班的朱雅娟。我叫了一声，她好像受了惊吓似的，转身就跑了。”

张乐怡的泪又挂在了睫毛上，她知道，那一定是雅娟。

朱雅娟的位置仍然空着。

上课的时候，唐老师告诉大家：朱雅娟的母亲因为长期的营养不良而生病住院了，连住院金都还没交够。朱雅娟可能要辍学。

刚才还炫目的阳光不知何时已躲进了云层，留下的阴影便深深地笼罩在了大家的心上。

下课时没有一个人出去玩，大家都静静地坐着，谁也没有说话。

“现在我们身边有同学遇到困难了，希望大家有钱的出钱，有力的出力!”班长李俊杰站了起来，红着眼说。

第二天大家分别带来了自己的零花钱还有一些营养品。

下午放学后，唐老师带着李俊杰、张乐怡、梁逸轩还有杨小婕等同学到医院去看望雅娟的妈妈，然而她们却没有看见雅娟的身影。

雅娟妈妈怔怔地望着唐老师，张了张嘴，似乎想说什么，终究还是没有出声，只有两行眼泪从她深陷的眼眶涌出并顺着瘦削的脸颊往下落，许久她才失声哭了起来。

“真是苦了小娟这孩子呀!”朱雅娟妈妈抹着眼泪说。

大家都不知道该如何去安慰朱雅娟的妈妈，除了手忙脚乱地为她递纸巾或轻轻拍着她的后背以外，也只能干巴巴地劝她保重身体，不要哭了。

“我这身子骨，真的没什么问题。可小娟这孩子因为我住院，竟然说啥也不再去上学了……”

张乐怡的眼前立即浮现出朱雅娟在垃圾桶中翻找易拉罐的情景，心里不由得一阵难过。

等不到朱雅娟回来，大家将营养品和钱交给了她的母亲，然后给她留下一张字条：

“雅娟，我们的集体不能没有你，我们都等着你回来！——五一班全体同学。”

九

秋高气爽，按惯例学校组织了全校学生运动会。

陈翱春报名参加了 1000 米长跑比赛。对长跑项目，陈翱春还是很有信心的。连续四年他都是这个项目的冠军。

所谓“知己知彼，百战不殆”，陈翱春决定还是了解一下还有谁也报名参加了这个项目的比赛。

在得知隔壁班的苏啸渊也报了名时，陈翱春差点笑弯了腰。

“二班也太没人才了吧，居然让他报名！”

陈翱春这么说，并不能下结论说陈翱春是个狂妄自大的人，相反陈翱春在日常生活中表现得非常低调。

比如他得了长跑冠军，别人向他祝贺时，他都会拱着手一副谦谦君子的模样：“不敢不敢，是同学们承让。”

说起苏啸渊的名字，估计大家都会一脸茫然。但如果说起那个走路慢吞吞，生怕踩死了蚂蚁的人，大家便会明白：

“哦，就是那个刚转学过来的人呵！”

于是，大家都提前向陈翱春祝贺了。

因为除了苏啸渊以外，其他人历年来都是陈翱春的手下败将，所以，这个冠军对于陈翱春来说，简直就是探囊取物。

喜悦之情尽管没有在陈翱春的脸上表现出来，可他的心里却早已乐开了花。

梁逸轩甚至写好了表扬稿，满溢赞扬之词：“……陈翱春为五一班又夺得了一枚金牌。为了这枚金牌，陈翱春‘冬练三九夏练三伏’……”

“我怎么没看见陈翱春练过一天呢?”魏翔鹏有些迷惑不解，“每天早上都是我叫了他好几遍，他才极不情愿地从被窝里起来……”

魏翔鹏和陈翱春同住一层楼。

梁逸轩气得直戳魏翔鹏的脑袋：“这叫夸张，你懂吗?”

“夸张?”

“你不知道什么叫夸张?”梁逸轩没好气地说，“飞流直下三千尺，桃花潭水深千尺，千里黄云白日曛……这些就叫夸张，古人就在用的一种修辞手法，老师没教过你?”

“这夸张得也太离谱了嘛!”魏翔鹏搔了搔后脑勺。

不过他还是深信陈翱春一定会捧回这枚金牌的。

五六年级的长跑比赛开始了，陈翱春在第一圈就把所有的人甩出了老远。

那个叫苏啸渊的，果然落在所有参赛选手的后面，一副不慌不忙的样子。

“他知不知道这是比赛？”

他们班的同学有点看不下去了。

“太丢人了！”

有人用口哨声表达着对苏啸渊“丢班集体脸面”的不满。

第二圈，苏啸渊虽然加快了一点步伐，但还是落在最后面。

五二班的啦啦队开始还热情高涨地叫着：

“苏啸渊，加油！陈翱春，加水！”

可看到苏啸渊那么丢人现眼，他们的啦啦队只好偃旗息鼓了。啦啦队长甚至说：“咱们还不如为陈翱春加油，他得冠军总比六年级得了的好。”

于是他们将目光锁定在了陈翱春身上：“陈翱春，加油！六年级，漏油！”

六年级的那个选手紧紧地贴着陈翱春，五二班的啦啦队就这么情不自禁地为陈翱春摇起小旗，加起油来。他们彻底地把自己班上的苏啸渊给冷落了。而陈翱春则边跑边微笑着向大家挥手，算是对大家热情呐喊的回报。

“不在沉默中死亡，就在沉默中爆发。”

被大家遗忘了的苏啸渊，在最后冲刺时，竟然像头发怒的雄狮浑身充满了力量，超过众人，紧跟在了陈翱春的后面。

所有的人都大跌眼镜！

“不会吧，怎么会是他？”

五二班的啦啦队长扔下手里摇着的小旗，将架在鼻梁上的眼镜取下来卷起自己的衣角飞快地擦了两下，重新戴上又伸长了脖子，不放心地问他的啦啦队员：“那个，真的是苏啸渊吗？”

“对，是他，就是苏啸渊。我们的啸渊吔！”

“苏啸渊，加油！陈翱春，漏油！”五二班的啦啦队发出了震天的喊声。

“陈翱春，加油！加阿拉伯石油！苏啸渊，加水，加废水！”

开始还同仇敌忾针对六年级的五一班和五二班，现在又变得水火不容起来，临时搭建的友谊在集体荣誉面前，立即烟消云散。

陈翱春听见呐喊的声音不对，猛一回头，看见了紧跟着自己的苏啸渊。

“可不能让苏啸渊得冠军，不然我一世英名尽毁。别人会说我陈翱春输在了一个平日连走路都没几分精神的人手里，那会多没面子。”陈翱春暗暗想。同时不由得想再加把劲，加快自己的速度。

然而欲速则不达，陈翱春的速度不但没有提高，步伐反而变得沉重、零乱起来，最后只能眼睁睁地在距离终点不到 20 米的地方看着苏啸渊超过自己并撞了线。

五二班一下子沸腾了，同学们一窝蜂地涌上去把苏啸渊高高地抬起往空中抛。

“苏啸渊，好样的！”

“苏啸渊，英雄！”

五一班只能眼睁睁地看着别人成功，独自体味着失败的滋味。对他们而言，优势项目没有得到冠军便意味着失败。

“热闹是他们的，我们什么也没有。”张乐怡含着泪想。

大家悄无声息地收拾起呐喊用的小喇叭、小红旗等道具回了教室。梁逸轩也沮丧地撕掉了表扬稿。

一时间，陈翱春仿佛成了班上的“罪臣”。

陈翱春自己也觉得对不起全班同学对他殷切的期望，因为自己毕竟是失败了。

于是，他将他的失败和愤怒都归结在了苏啸渊身上。尽管他也知道这对苏啸渊来说不怎么公平。

“可是，谁让他赢了我呢?”

当然，他是不敢将这种想法表现出来的，不然会被别人笑话：“输不起，小肚鸡肠……”

可他的情绪还是告诉了大家，他不想看见苏啸渊，甚至不想听到这个名字。

“下一次比赛，我一定会让你输得很难看。”陈翱春在心里暗暗发誓，并计算着下次运动会的时间。

于是，本来素无渊源的、平日很难得见上一次面的两个人，就这样结下了“梁子”。

十

“我妈说，如果我这次考了90分，就给我买这个！”王浩芮兴奋地看着韩梦柯手里的iPad。

韩梦柯正忙着“捕鱼”。据说这个游戏已经风靡了全校。

韩梦柯的手指在屏幕上灵活地滑动着，头也不抬地“嗯”了一声。

“哟，王浩芮！”林林的声音永远那么尖，那么刺耳，“你妈可真疼你哦！不过，90分可能有点难哦！”

林林故意提高了嗓门，想要羞辱一下王浩芮。因为上次，杨小婕穿了一件粉红色的大衣，女同学们都围着称赞不已，林林看见了随口就说了一句：“这算什么，我还有比她的更漂亮的大衣呢！”

熟悉林林的人都知道，林林这个人对人热情，生活快乐，学习也不差，可就是爱吹牛，喜欢攀比。

林林的爸爸只是个普通的工人，她妈妈自从下岗回家后就一直在小区的门口卖水果。

所以，当林林那么一说，大家也都笑笑而已。可王浩芮却是个“一根筋”，几天以后，竟当着杨小婕的面问林林，结果便可想而知了。

“真的。”王浩芮并没有听出林林的弦外之音，“我妈真那么说的。”

“好了，王浩芮，我们相信你！”朱雅娟从座位上站起来，朝林林走去，她似乎想要终止林林和王浩芮的这场对话。

几天前，朱雅娟在唐老师和大家的帮助下交了医院的费用，又回到了她喜欢的课堂。

“是……”林林拉开朱雅娟，面朝着王浩芮拉长了声音，假装认真地点了点头。

“可是90分，对你来说，真的很难呢！除非……除非梁逸轩让你抄！”

林林的话像机关枪里打出的一排子弹，又稳又准，狠狠地击中了王浩芮的胸膛。

就像一个充满了希望的泡沫，刚才还在阳光的照射下散发出明亮的光芒，而现在，就在这一瞬间，一切都成泡影了。

王浩芮的学习不太好，不是因为他不用功，相反地，他十分勤奋，而且他一直恪守着“勤能补拙”的信念。可每次考试的成绩总给人一种他没怎么上课的感觉。因为，有很多课堂上讲过的知识，他也会出错。

“这大概就是传说中的蠢材吧!”

张乐怡有点想笑。因为她发现，老师竟然将班上的“天才”和“蠢材”安排坐在了一起。

“天壤之别”这个成语大约就是用来形容他俩的吧？张乐怡没忍住还是笑出声来。

十一

“你的家长到底管不管你?”唐老师忍不住提高了嗓门。

“说说看，你这是第几次不做作业了?”老师有些愤怒地对着叶智源说，“每天我守着你就做，不守就不做。你是在帮我学习？”

我们不能因此而妄自断定唐老师不是一个好老师。其实，从接手五一班的工作以来，唐老师几乎每天都盯着班里那几个不做作业的学生完成作业，直到很晚才回家。

只是，五一班的“能人”实在太多，年轻的唐老师已经快扛不住了。她每天要做的事情很多，正常的教学工作不算什么，要命的是张兆勇和高志原等人，几乎每天都会弄出一些鸡飞狗跳的事情等着她去解决，再加上临近期末，工作任务更重，而她的爸爸又因病住院。唐老师是家里的独生女，每天忙完了学校工作还得忙着去医院照顾老人，她已经快要崩溃了。

“还是请你爸妈来看看吧！”唐老师扬了扬手，扶住了额头，她大概快被气晕了吧。

“哗”的一声，办公室的门被推开了，一阵香味直窜进来。

一位衣着时尚、面容姣好的女人，拎着一个坤包，优雅地走了进来。

高跟鞋撞击着水泥地面发出嗒嗒的响声，打破了办公室的宁静。

“你又咋了？”

女人径直走到叶智源身边，一脸怒气。

“我跟你怎么说的？”

她一把抓住叶智源，唾沫从涂有精致口红的嘴里飞出，溅到叶智源的脸上。

叶智源似乎已被飞溅出的唾沫打晕了，他嗫嚅着：“我……我……”

“啪！”一记耳光响亮地落在了叶智源的脸上。叶智源马上捂着小脸，号啕大哭起来。

唐老师的身子猛地颤抖了一下。

她一手抓住那女人——叶智源的妈妈，说：“家长，请不要那么激动！”一手赶紧将叶智源拉到自己的身后，就像母鸡护着小鸡一般。

小鸡躲在母鸡的身后继续号啕。

唐老师将自己的座位让给了叶智源的妈妈，另外找来一张椅子与她面对面地坐下来。

“我今天请你来是想告诉你，对于孩子的教育，家庭教育更重要！”

唐老师小心翼翼地措辞，生怕自己的用词不当又激怒了眼前这个美貌又火爆的年轻妈妈。

“最近一段时间小源的作业都完成得不太好。”

唐老师话音未落，只听“啪，啪！”又是两声，叶妈妈已从椅子上跳起，一把抓住躲在唐老师身后的叶智源，举起手里的坤包准确无误地打在了叶智源的头上。

紧接着，叶智源的哭声和妈妈的叫骂声混在了一起。

“每天都给你说，我们赚钱不容易，让你好好读书，你答应得好，结果呢？”叶妈妈越说越气，一把抓住叶智源的头发，又是两记耳光。

“你不想读就算了，我也不想管你了。只管你妹妹，我还轻松些！”

血，从叶智源的鼻子里涌了出来。

叶智源一边哭一边用手抹着眼泪。

殷红的血立即染红了叶智源的脸，然后，和着眼泪大滴大滴地跌落在水泥地面上。

唐老师吓坏了。她赶紧抽了一大把纸巾，想要擦掉或者说想要堵住那些从叶智源的鼻孔里不停冒出的血。很快地，血渗透了纸巾，继续向下滴。

叶妈妈还在骂骂咧咧，唐老师拉着叶智源直奔卫生间。

血，终于被止住了。

办公室里，叶妈妈余怒未消。

唐老师再也不敢说什么。她如同犯了错的孩子，望着高傲而蛮横的“法官”，说：“孩子还小，犯错也很正常，希望家长能配合学校，让孩子走得更好。”

大约是唐老师的态度感染了叶智源的妈妈，抑或是她突然意识到了什么，脸上的乌云似乎减少了一些。她要求把孩子带回家好好教育，并保证绝对没有下一次了。

“绝对没有下一次!”

这到底是指不会再这样痛打孩子还是说不会再这样对孩子的学习不管不问？唐老师还没有想明白，叶妈妈已经拖着叶智源走了。高跟鞋的响声消失在走廊的尽头后，唐老师瘫坐在了椅子上。

教育就是这么现实，你满怀热情地想要给孩子一片蓝天，却总会被不知名的乌云困住，甚至被暴风雨淋得狼狈不堪。

十二

临近寒假的时候，魏翔鹏和他的“梅妹”终于决定在国际会议展览中心旁的快餐店门口见面。

依照二人先前的约定，“一枝梅”手里拿着一盒棋，魏翔鹏则拿着一枝花。

为了使自己的形象看上去稍稍有那么一点“人”样，几天前魏翔鹏以看不清楚黑板为借口，特意央求他老爸带他去配制了一副隐形眼镜。

刚到国际会议展览中心，魏翔鹏就看见一个模样乖巧的小女孩在快餐店门口张望，手里拿着一盒棋，不用说那肯定是“一枝梅”。

魏翔鹏赶紧躲在一边没敢出来。

时间一分一秒地流逝着。开始还左顾右盼的“一枝梅”一直不见“帅哥”踪影，后来干脆一屁股坐在街沿边上看来往的行人。

魏翔鹏躲在一旁如热锅上的蚂蚁。

“去还是不去，这是个问题。”

魏翔鹏的手心里满是汗。最后，他还是鼓起勇气走到“一枝梅”跟前。

随后的事情魏翔鹏也记不太清楚了，据他说，等他回过神来的时候，他只看见了如被风卷走般的背影和散落满地的棋子。

“爱情像阵龙卷风，来得快去得也快！”遭遇了“爱情滑铁卢”的魏翔鹏伤心地在本子上写下了这句感言。

然而，受过的伤几乎没有在魏翔鹏心上留下过多的印迹。

只垂头丧气不过两天，魏翔鹏的生活又恢复了往日的轨迹。他依旧第一个急匆匆冲出校园大门赴网络之约。

生活的河流并不因为曾经发生过什么而停滞。曾经遭受的挫折，要么使人更颓废，要么使人更奋发向前。

而魏翔鹏无疑是属于前者。

经历了失败教训的魏翔鹏把重心放在了网络游戏上。他自诩为“蜘蛛侠二世”，在虚拟的世界里冲呀杀的。

英雄是不问出身的，很快地他从一位屡战屡败的角斗士变成了横扫千军的将军。望着那些对他俯首称臣的败将，魏翔鹏乐得龇牙咧嘴。

然而“英雄”总是多“磨难”。

有一次魏翔鹏在“战场上”厮杀得正欢，忘记了回家时间，被他老爸逮了个正着。

怒火冲天的魏爸爸找到网吧老板理论。

“未成年人上网你也不管？”

“你自己的儿子管不好就找网吧出气。这里哪儿有什么未成年人？”网吧老板故意东张西望。

“这不是吗？你长了个什么眼睛？”

魏爸爸生气地把魏翔鹏往网吧老板面前一推，魏翔鹏一个踉跄，差点摔倒在地。不过魏翔鹏还是赶紧挺直了身子站在网吧老板面前。

“哎哟哟，我说你这不是开玩笑吗？”老板提高了嗓门，

“大家过来瞧瞧，你们说有未成年人长胡子的吗?”

见有热闹看，许多人都围了过来。

本想讨个说法的魏爸爸没想到竟会自取其辱，拽着魏翔鹏冲出了网吧的大门。

于是，好一阵子，魏翔鹏的眼睛都是灰蒙蒙的。

第二章

让我欢喜让我忧

十三

“……严格控制课外作业量。小学一、二年级不留书面家庭作业，其余年级家庭作业控制在半小时以内……”

新学期一开学平原市教育局就把《切实减轻中小学生课业负担的若干规定》的红头文件贴在学校大门右侧的显眼位置。

“哦，以后作业少了！”

“再也不用为作业‘痛不欲生’了！”

同学们在班上甚是兴奋地相互传着减负的好消息。

“我可以好好练习，提高一下我的游戏水平了。”魏翔鹏迫不及待地打起了自己的小算盘，网络曾经带给他的信心让他神采飞扬。

“终于可以放心地看《还珠格格》了！”想着剧中五阿哥那潇洒英姿，林林不由得在座位上犯起“花痴”来。

“作业少了，我有更多的时间可以多做点家务事。”朱雅娟想，“妈妈就可以多休息一下！”

朱雅娟的妈妈出院以后，有好心的老乡看她们母女实在可怜，就介绍她妈妈到一个建筑工地，做着和男人一样的挑砖、和泥沙的工作。

站在教室门口的钟恒宇早已和梁逸轩约好每天放学后来场酣畅淋漓的乒乓球赛。

比他们更兴奋的是学校外面的市场。

不到半天工夫，靠近学校的居民房就有人打出了“学生接送托管班”“家教补习班”等五花八门的广告牌。

每天放学后，学生和家长都会被派发传单的人围个水泄不通。

“名教堂补习所”“龙武学校”“奥数补习班”“英语一对一家教”……各类广告塞满了学生和家长的手上，车身上以及自行车的车筐里。

放学后，肖舒伟一溜烟地跑回家，熟练地打开了电视。

没有了作业，正是看电视的好时机。电视里正在热播《仙剑传奇》。

阳光透过窗户，暖暖地斜照在肖舒伟的身上，他咧着嘴巴，手里拿着零食，眼角眉梢都是笑。

舒伟爸爸在一旁克制着自己的愤怒，尽量柔声地问：“今天作业不多？”

“不多，我早就在学校做完了，就十多分钟。”减负让肖舒伟甚感开心。

他爸爸却显得忧心忡忡：“这样下去可不行，我听说你们班很多同学都在上补习班。”

肖舒伟不以为然：“那有啥啊，上课我都听得懂，作业也会做，我不上补习班说明我聪明呗！”

“是不是现在的作业太简单了？”舒伟爸爸顿了顿，“要不你也去报个奥数补习班吧，听说以后的选校考试，题都很难，考的都是奥数之类的题。”

“我不去！不是说了要减负吗？”肖舒伟回答得斩钉截铁，目光从电视移到了茶几上已经完成了一半的航模上面。

好不容易得来的福利，看样子要被他老爸给毁掉，肖舒伟很是生气。

“这由不得你，你以为我们想花这个冤枉钱？”

面对着肖舒伟的“执迷不悟”，他爸爸很是恼火，声音不由得提高了八度。

正在忙碌的舒伟妈妈赶忙放下手中的活儿，从厨房里跑了过来。

“你就不能好好对孩子说话?”

舒伟妈妈一边数落着舒伟爸爸，一边将肖舒伟拉到一旁，“儿子，爸妈这也是为了你好。你想啊，以后升学，无论是初中、高中，还是考大学那都必须要经过考试。你想过没有，你在玩的时候别人在拼命地学，到头来你考得过别人吗？你要想有出路就得靠自己有本事，现在辛苦就是为了以后的不辛苦!”

肖舒伟的妈妈在围裙上擦了擦手。

“我和你爸爸以前在农村里玩耍的时候，人家城里的孩子在拼命地学习，你看现在差距不就出来了嘛。”

肖舒伟的父母都是出租车司机。

肖舒伟的妈妈紧紧地盯着肖舒伟，“你看，现在我们辛辛苦苦工作的时候，别人却在有空调的办公室里喝茶打牌，你愿意像爸妈这样生活？儿子，你要记住，只有读书，才能改变命运!”

肖舒伟的潜意识里并不想走与父辈同样的路，但他也不想上补习班，一时又找不到好的理由来反驳妈妈，只好沉默不语。

“老肖，孩子同意了，你明天去那个‘望子成才’看下，看还能不能报名。”舒伟妈妈满意地朝肖舒伟笑了笑。

“唉，我妈给我找了个数学补习班。”第二天一到学校林林便向熊娇娇大倒苦水。

“我还不是一样！除了要补习英语，还要学习奥数！我爸说他们单位的孩子都在补，还说不能让我输在起跑线上。”杨小婕懊恼地回应着，“这下更辛苦了!”

肖舒伟无奈地摇了摇头。

高志原的父母是举着双手赞成学校减负的，他们很快将高志原送到了学校门口的“托管班”里。

初到托管班，高志原很是兴奋，因为被托管的不只有他，除了张兆勇、韩梦柯等几个同学，还有邻班大大小小的同学共几十号人。

刚开始的落寞很快就被兴奋替代了，没有了家长和老师的约束，那个小小的“托管班”成了大家大闹天宫的好地方。

十四

“问君能有几多愁？恰似一江春水向东流。”其实梁逸轩也并非“为赋新辞强说愁”。他的愁是有来由的。

那是三月的一个黄昏，夕阳被乌云遮住了，所以不能朗朗地洒照下来。而风却乘机刮了起来，一阵紧似一阵。

李俊杰约梁逸轩来到一个挂有“乐山烧烤”招牌的摊前。那是在学生当中有着良好口碑的烧烤摊，名声并不亚于大人们口中的五星级酒店“香格里拉”。

袅袅的烧烤烟徐徐地在李俊杰和梁逸轩身边漫开来，也漫进了他们的心里。

梁逸轩使劲地咽了咽口水，李俊杰看在眼里喜在心头，觉得是该对梁逸轩摊牌的时候了。

“我请你吃一个鸡腿和一串羊肉，怎么样?”

“当然好啊!”梁逸轩想都没有想就回答。

一丝不易察觉的笑容从李俊杰的脸上闪过。

“不过，有一个条件……”

梁逸轩傻眼了，尽管在李俊杰约他吃烧烤的时候他就在想“天下没有白吃的午餐”。不过他还是想试一下，万一撞上了白送的呢？现在看来长辈们说的话还真有道理。

“你想说什么?”

“放弃涂悦然!”李俊杰说得那么坚决而果断。同时故意用手将烤肉的香气往梁逸轩方向煽。

原来盼着隔壁班女生走过窗前的不仅有梁逸轩，还有李俊杰。

李俊杰的感情从不外露，这可能与他长期当学生干部有关。据李俊杰自己说，从幼儿园起他就一直当班长，就连玩游戏他也只会扮演警察，而绝不可能扮演匪徒，因为在他的人生词典里只有他管理别人的份。

为了能够独自霸占“亲近”涂悦然的机会，李俊杰用了不少“铁腕政策”扫清了“障碍”。

可是梁逸轩属于“迂腐文化人”类型，用硬的奏不了效，李俊杰决定采取“迂回”政策，用“糖衣炮弹”去腐蚀“敌人”。

梁逸轩的心情一下子沮丧到了极点。

不过他马上收拾好了自己的心情，文人的“清高”在最关键的时候还是在梁逸轩的身上得以充分地体现。

他用不屑一顾的眼神瞟了一下李俊杰，甩了甩头，然后昂首阔步地走了，尽管他是那么留恋烤鸡腿和烤羊肉的味道。

留下了呆若木鸡的李俊杰傻傻地站在烧烤摊前。

生活，有时候就是那么奇怪：你越是刻意追求的东西也许你越得不到。

尽管梁逸轩挡住了李俊杰的诱惑，以为涂悦然非他莫属，但是正所谓“热脸遇着了冷屁股”，涂悦然居然对梁逸轩一点儿都不“感冒”。

根据韩梦柯的报告：他帮着梁逸轩送给涂悦然的纸条，全被涂悦然直接扔进了学校的垃圾桶里。

想想梁逸轩在五年级一班遇到了多少青睐的眼神，可现在……

“身在福中不知福”，看来还真是人类的一大通病。

相反，涂悦然对李俊杰倒是“兴趣盎然”。她经常找李俊杰切磋琵琶演奏技巧。一来二去，两人俨然成了朋友，他们甚至相约一起去参加平原市艺术人才比赛。

平心而论，李俊杰长得很普通，就是那种掉在人海里你永远都找不到也不想去找的那种人。但是李俊杰是五一班的班长，还是光明小学文娱部的部长。“由来只有新人笑，有谁听到旧人哭？”

现在轮到李俊杰得意了。他在一旁幸灾乐祸而又愤愤地想：“哼！敬酒不吃，吃了一鼻子灰，活该！你梁逸轩到一边尽情哭去吧。”

十五

尽管已是孟春时节，但空气中依然有丝丝的凉意。

张乐怡的父母像平时一样，又走街串巷地推着小车吆喝着卖串串。刚到电子路音乐广场，一下子就围上来好多人，大家纷纷挑拣着自己喜欢的串串，有人吃了几串觉得不过瘾，又大呼着再来几串。张乐怡爸妈的心里乐开了花，同时他们也加快了手上的动作。

突然，正忙着收钱的乐怡妈妈急促地对正忙着煮串串的乐怡爸爸说："城管来了！"乐怡爸爸抬眼一看，有几个穿制服的正从城管车上下来。

开始还哄闹的人群，立即像被风吹开的蒲公英，向四面八方散开去。其他的小摊贩也作鸟兽散，地上留下了散落的萝卜、鞋垫、杂志……

"还收什么钱，快跑！"乐怡爸爸冲着还在收钱的乐怡妈妈吼道。

乐怡妈妈慌里慌张地抱起一盆串串就往前跑，乐怡爸爸推着车也准备跑。车上除了煮串串的炉灶外还有一盆荤串串。

"给你们讲了好多次了，这里不能占道经营！既然劝说无效只能来硬的——没收工具！"城管很无奈也很恼火。

也许是因为心里太紧张，就在乐怡爸爸推动车子的时候，车后面装着荤串串的盆“咚”地掉在了地上，发出沉闷的声响。乐怡妈妈听到声音，转过头，放下手中的盆又去捡地上的那些荤串串。

“还不快跑，捡什么捡？你想被罚款？”乐怡爸爸一边推着车一边焦急地催促着乐怡妈妈。

乐怡妈妈不顾乐怡爸爸的提醒，蹲在地上拼命地扒拉着地上的串串。那是他们将肉洗净切好，码上料之后又熬夜一根一根串上去的。

“把车子和炉子没收了，我看他们还要不要再占道经营。”一个颇有派头的城管追了上来并对跟上来的两个瘦小个子城管说。

乐怡妈妈一听别人要没收她的车子，也顾不得扒拉那些串串，一骨碌从地上爬了起来。

“那是我们吃饭的家当！求求你，这次就放过我们吧，下次再也不敢了。”乐怡妈妈几乎是哭着求城管。

“哎，对你们，我们简直没招了，只有收车。城市形象还是需要大家共同维护。”

乐怡爸爸赔着笑脸赶紧递上烟。颇有派头的城管，马上把脸朝向了另一边。碰了钉子的乐怡爸爸讪讪地缩回了递烟的手。

又有两个人来拿车，准备往城管车上放。乐怡妈妈紧紧抓住车把手怎么也不松手。

“求求你们了，我们下次真的不敢了。”乐怡妈妈声泪俱下。

一个眉心长着一颗大黑痣的城管把乐怡妈妈的手使劲地扒开。

眼看赖以生存的家当没了，就像是被突然抽空了气的轮胎一般，乐怡妈妈无力地瘫坐在地上。

乐怡爸爸亦欲冲上去。

颇有派头的城管“啪”的向他行了个礼，说：“阻碍执行公务是违法的!”

乐怡爸爸站着没敢动，只能眼睁睁地看着城管将车子拎上了城管车，然后鸣笛扬长而去。

回过了神的乐怡爸爸赶紧去扶乐怡妈妈，可她推开了他的手，跪在地上继续捡拾那些已被踩得“尸首异处”的串串。

“不要捡了!”乐怡爸爸有些生气。

乐怡妈妈没吭声，依旧一根一根从地上捡着那些串串，只有她的肩膀在不停地抖动。

夜色更浓了，初春的寒意驱散了看热闹的人群。

昏暗的街灯下，凄冷的寒风中，张乐怡的爸爸和妈妈还在地上一根一根地捡着……

十六

作业还没做完，门“咚”的一下被撞开，然后又“咚”的一声被带上，声音有点沉重。看看时间，还不到十点。

“看样子我们家的串串越来越受欢迎了。”张乐怡在心里暗想。

她满怀喜悦地迎了上去：“爸妈，这么快就卖完了?”

爸爸没吭声，妈妈也没像往日那样见面就问张乐怡的功课。张乐怡心里有些纳闷。借着灯光，她看见妈妈的脸上似有泪痕，头发散乱，爸爸的身上也沾满了火锅油。张乐怡的心里满是疑惑，但她没敢多问。

爸爸一声不吭地进屋换衣服去了，妈妈则低着头拿着盆钵进了厨房。张乐怡跟在妈妈的身后。

“你进来干吗？快去做作业，做完早点睡。”妈妈在水池中洗着手里的东西，连身也没回。

张乐怡忐忑不安地回到桌前，心不在焉地看着书，同时一边偷偷瞧着客厅里的爸爸。

爸爸在抽烟，一根接着一根。最后爸爸将烟头狠狠地摁灭了，进了厨房。

张乐怡蹑手蹑脚跟到厨房门前，妈妈仍然埋着头在水池中洗着。

“不要洗了，洗了卖给谁嘛？况且现在车子也没有了，怎么去卖？”爸爸对着妈妈说。

“自己吃不行呵？”妈妈的声音有些愤怒。

“还怎么吃嘛？……我让你不要去捡，你偏要去捡……”爸爸有些责怪妈妈。

妈妈停止了洗菜，呆立着没有吭声。屋子里出现了短时间的沉默。

“要不……我们开个店吧。省得这样担惊受怕的。”妈妈说。

“开店？说得好听，哪有开店的钱？……再说，你以为开了店就万事大吉了？工商局、税务局、卫生局、街办……除了扫大街的不找你麻烦外，谁都可以上门找碴。”爸爸显得很烦躁，情绪及看法也有些极端。

“那你说咋办？……总不能就这样坐吃山空把那点积蓄吃光吧？……小怡这学期的补习费用马上就要交了，还有借读费……要不我们还是回去吧？”妈妈茫然了。

生活将张乐怡的爸妈逼到了一个不得不做选择的岔路口。向左似乎没有出路，向右也看不到光明。

“回去？不行！”爸爸的声音有些嘶哑，“好不容易才从山里出来……再说，再过一年小怡就要毕业了，我们得为她的将来着想……”

沉默，又是令人窒息的沉默。爸妈就那样站立着。

“你说，开个小店大概要多少钱？”妈妈打破了沉默。

她想来想去还是觉得只有开店来赌一把。

“这说不准。房租、桌椅、原材料、卫生许可证、税务登记证等等，少说也要几万块钱吧？”

“啊？那么多？可我们的积蓄还不到两万。”妈妈有些无奈。

“我找人凑吧……就这么定了……我就不信生活不给人留个活口……”爸爸竭力地安慰着妈妈。

“我不要耐克鞋了。”张乐怡泪流满面，哽咽着说。说真的，张乐怡一直不知道爸妈竟被生活逼到了这种地步。

爸妈被张乐怡的声音吓了一跳，惊讶地转过了头。

“没事，宝贝，这只是暂时的，要相信我们总有一天会过上幸福日子的。”妈妈搂着张乐怡，情不自禁地落下泪来，既为无法预测的未来难过，又为张乐怡的成长而高兴。

十七

韩梦柯的成绩越来越糟，数学月考竟然考了全年级倒数第一——19 分。这让数学老师很是光火。这样下去，不但期末考试的优生率达不了标，而且自己还要背上个差的名声。

五一班的数学老师是全校甚至是全市出了名的教学能手，怎么能够容忍这种状况出现。觉得形势严峻的她，让韩梦柯通知他的妈妈到学校单独交流。

韩梦柯有些慌了，就凭他那点分数还不让老妈大发雷霆？他有点愁眉不展。

“有啥着急的？把分数改一下不就得了？”

钟恒宇看出了他的心事。

“上学期期末，我考了 58 分，改了个 88 分，还不照样把我老爸逗得开心极了！”钟恒宇一脸的淡然。

韩梦柯突然想起去年期末钟恒宇拿着试卷哼着小曲慢

悠悠晃回家的情景。

“怎么改?”韩梦柯一下来了精神，像抓住了救命稻草。

“这还不简单，去外面文具店问问就知道了，就5块钱。不过，你考的那个分数真好，连5块钱都可以省了。”钟恒宇突然停下来不说了。

韩梦柯着急起来：“还是不是哥们儿？有什么要求你说嘛!”

“好，我帮你解决了，你要请我吃乐山烧烤!”钟恒宇很干脆。

“行!”

“笨啊，你把1改为9不就得了!”

“行吗?”

“那有什么不行的?!”钟恒宇拍着胸脯说，拿出红笔，大笔一挥轻轻松松地就帮韩梦柯解决了“麻烦”。

春日的黄昏在夕阳收起的最后一丝光芒中暗淡下来。

从讲台到书柜是十六步，从书柜到水池是七步……叶智源一遍又一遍地走着，也一遍又一遍地数着，无聊极了。

同学们早已回家。他们或许正捧着热腾腾的饭菜狼吞虎咽，或许正依偎在妈妈身边讲着学校里的事情，可我呢？叶智源的眼睛模糊了。

爸妈整天忙着应酬，连周末也很少在家。家里除了保姆，就还有一个不到五岁的妹妹。妹妹乖巧伶俐，爸妈似乎更关爱妹妹，对于自己，叶智源抹了一把眼泪。他们似乎只关心考试的分数。对！只有分数！叶智源哭出了声，并使劲地擤了一下鼻子。

昨天的数学考试，叶智源又遭遇了滑铁卢。

那个鲜红的 68 分，好像故意在他的眼前晃动。随后，爸爸高举的拳头和扭曲的脸，妈妈愤怒的责骂和冷漠的眼走马灯似的从他眼前闪过。

叶智源从书包里掏出试卷，揉成一团，扔在地上，又狠狠地踩了几脚。

夜色越来越重。

整个教学楼死一般的寂静。叶智源听见了自己的心跳声和呼吸声。突然，一只野猫尖叫着逃走了，吓得他抱着头躲在了课桌下面。

风，呼呼地刮了起来。古老的银杏也不禁颤抖着。风中似乎夹杂着人声。叶智源放下双手，从课桌下探出脑袋，仔细听了听，不错，是妈妈的声音，还有唐老师。

想起唐老师，叶智源的眼泪又来了。说实话，叶智源还是很喜欢这个老师的。尤其是上次，妈妈把他的鼻子打出了血，唐老师那又心疼又着急的神情已经深深地刻在了他的心里。他似乎觉得唐老师才是他的妈妈，或者说他已经在心里把年轻的唐老师当成了自己的妈妈。至于妈妈，叶智源咬咬牙，你不是说不管我，不要我了吗？他用双手堵住了自己的耳朵。

风依旧拼命地刮着。教室的门被推开了，灯亮了，一群人走了进来。

叶智源赶紧又将自己的身子蜷缩在课桌底下，屏住了呼吸。可座位上的书包还是出卖了他。

叶智源妈妈一把拉起叶智源，紧紧地将他抱住，同时大声地哭着，似生离死别，又似久别重逢。

风声、哭声以及偶尔的几声猫叫声混合在了一起。那情景让在场的人无不动容。

有家长极力地安慰着，也有家长悄悄地抹着眼泪。

唐老师握着叶智源的手，似乎在对自己，又像是对所有的家长说：“教育，不能只有打骂！”

十八

世界上有些痛苦让人难以忍受，有些痛苦却让人痛并快乐着。

铃声响过以后，唐老师像往常一样准时进入教室，并带来了一个令人兴奋的消息：“学校准备组织大家去军训。”话音刚落，教室里便如沸腾了的开水，热闹极了。

分贝越来越高，唐老师张了张嘴，又闭上了。林林立即转过身，将食指放在噘起的小嘴上嘘了好久，声浪才小了一些，可韩梦柯还沉浸在激动与喜悦中，拼命地挥舞着双手。

“你干吗？”李俊杰低声喝道，梁逸轩也白了他一眼。

“哦！”韩梦柯这才发现形势不对，赶紧赔着笑脸坐好了。

大家准备继续听老师带来的好消息。可老师接下来的话犹如一盆冷水，无情地浇灭了同学们那刚被点燃的饱含着幸福与希望的火苗。

“可校长认为你们都五年级了，不应该去。除非……”

“凭什么不让我们去?”

“这是歧视!”

有人在下面抗议。同时也有人大声附和。教室里又哄乱起来。

钟恒宇突然从座位上蹦了起来：“老师，不要怕！有什么条件尽管说!”他把头一甩，手一挥，颇有大将的风度。当然，他的眼镜也很积极地配合着他的动作，很潇洒地飞到了地上，并发出了清脆的响声。

“你以为你是谁呀?”有人小声地说。

不知谁说了句：“钟恒宇，你三年级时找我借的两块钱到底什么时候还?”全班哗然。

钟恒宇早钻到桌下摸眼镜去了。等他再起来的时候，一副只有左边镜片，变了形的眼镜又架在了他的鼻梁上。

他似乎对自己的表现很满意，在扫视全班一周后才心满意足地坐下，最后还不忘用肯定的语气补充道："那两块钱改天一定还，一定还！"顿时，教室里哄笑声一片。

唐老师终于也忍不住笑了："如果再这样闹，下周一就别去了。"大家愣住了，但马上又明白过来，紧接着有人从座位上蹦了起来，"耶！……"

十九

"5桌的，起立！"

安静的食堂里一个非常有磁性的声音震动了大家的耳膜。同时，一个威严挺拔的教官走过来。

"吃饭的时候不许说话！都站着吃！"教官有些生气。这已经是第三次了。

魏翔鹏有点不高兴，翻动着大嘴唇，嘟哝开了："我又没有说话，凭什么……"

教官毕竟是教官，不仅眼力好，听力也好。

“你说什么?”教官走到他的身边，“你没有说，那就是我说了?”

“本来就不是我嘛!”魏翔鹏突然提高了嗓门，用手指了指旁边的同学，说，“是他！他让我吃肥肉!”

坐在魏翔鹏旁边的是钟恒宇。此刻，他已经尽可能地将身子缩小，恨不得马上将自己变成一丝空气或者一缕轻烟飞走。

“又是你，钟恒宇!”教官一把将他抓起，密集的乌云立即聚在了英俊的脸上。

对于钟恒宇，教官太熟悉了。军训站姿像棵歪脖子树，每次站军姿的时候，他就如一只草绿色蝴蝶四处“拈花惹草”，常趁教官不注意的当儿，用手指戳戳这个，摸摸那个，经常让“受害”同学挨教官的批评，而自己却躲在旁边偷笑；队列行走姿势像企鹅。在极短的时间内，钟恒宇便以自己的“优异”表现赢得了教官的高度关注。

同学们都睁大了眼睛，等待着教官对钟恒宇的“惩罚”。

几分钟前钟恒宇让大家都把碗里的肥肉挑出来，集中在他的碗里，他要让从不吃肥肉的魏翔鹏感受一下生活的“油腻”。可魏翔鹏竟然引来了教官。

“你喜欢吃肥肉?”一丝不易察觉的笑意浮现在了教官的唇边，“那，赶快吃吧，冷了可不好吃哦!”教官边说边推了推钟恒宇。

“我……哦……”钟恒宇的嘴张得老大，半天合不上。

“吃吧，吃吧!”教官拿过钟恒宇手中的筷子，夹起一片肥肉，亲自塞进了钟恒宇的嘴里。

肉含在钟恒宇的嘴里，他不愿意吞下去，也不敢吐出来。口水顺着他的嘴巴流了下来。

“吞了吧！瞧你那口水。”教官的眼睛里也盛满了笑意，“如果不够，我那里还有。”

同学们伸长的脖子都缩了回来，同时大家也都捂住了嘴，想忍住笑但终究没忍住。

“你们是身在福中不知福，肥肉就不能吃了?”教官的笑意消失了，只剩下满脸的严肃。

“现在还有很多山区的小孩吃不上肉。他们甚至觉得能吃上一顿肉是一件很奢侈的事。而你们竟将吃肥肉作为对别人的惩罚，这不仅是糟蹋粮食，更是思想上的问题。”教官从钟恒宇的碗里夹起一块肥肉，轻轻地送到嘴里，“嗯，挺香的嘛！”整个食堂一片静默。随后，有人将碗里的肥肉往嘴巴里送……

肥肉早已在钟恒宇的肚里化成了肥料，但钟恒宇并没有忘记魏翔鹏给他带来的这场“灾难”。

晚上熄灯后，估计大家都睡着了，钟恒宇便假装上了一趟厕所。也不知道他从哪里找来一个头套，带上之后，径直走到魏翔鹏的床边，一边扭动着自己的身子，一边凑着魏翔鹏耳朵用飘浮不定的声音，小声叫着：

“我冤枉……冤枉……呜……还我命来……还我命来……”

半梦半醒中的魏翔鹏，突然被这奇怪的声音惊醒，继而又看到一个黑乎乎的影子在自己的床前，他猛地一下坐了起来，同时发出撕心裂肺的惨叫：“鬼啊！……”

“鬼事件”的直接后果就是：钟恒宇站了整整两个小时的军姿。

有人说希望越大失望就越大，这话不无道理。

原本想要逃避学习的同学们在为期一周的训练中非但没有感到轻松，反而深刻地体味了各种在学校无法体会的艰辛。然而他们依然感觉快乐——这种快乐叫“痛并快乐着”。

训练场上的汗水，拔河比赛失败时的泪水，熄灯前教官送来的苹果，熄灯后偷跑出寝室看见的北斗星以及夜半的“鬼叫”……所有的这一切都烙在了大家的脑海里。

接他们回学校的车早已停在了操场上。合影，签名，话别……临行的时候，军训营地笼罩在离别的伤感中。同学们抹着眼泪，教官也偷偷擦拭着自己的眼角。大家已经爱上了这样一片绿色的地方，也爱上了这些身着绿色军装的“最可爱的人”。然而，天下没有不散的宴席。在一片哭声和祝福声中，车启动了，载着他们的遗憾和收获。

二十

当明星仿佛是每个年轻人的梦想。

张乐怡的梦想是成为奥黛丽·赫本一样家喻户晓的明星。不过张乐怡深深地知道，梦想之所以美丽，就在于它的不可能实现性，至少对她而言是这样。所以张乐怡只能将自己的梦想深藏于内心。

不像林林，她恨不得把自己的梦想宣告给全世界。

“一点城府都没有。”尽管张乐怡对她的做法有点不屑，但对于她的勇气还是很佩服。

林林一直梦想着有朝一日能成为一个家喻户晓的歌星。林林甚至计划好了，假如有一天她出了名，她会雇一个“写手”写一本她的“奋斗史”，名字她都想好了，叫《林之泪》。想象着许多“林粉”争相抢购的情景，有时候在课堂上林林也会忍不住笑出声来。

不过，林林的歌声实在不敢让人恭维。那声音，像风般“飘摇不定”。

她惯行的“三板斧”套路是：首先是鬼哭狼嚎般的尖叫，仿佛有人掐着她的脖子，那是开唱前的“清嗓”。接下来便是高亢的所谓的美声，高到一定程度时会突然没有了声息，让人以为一曲已经结束。等大家正想要松口气的时候，突然又有声音冒了出来，那声音，如一匹柔软的缎子被人猛地撕裂开了一道口子，着实让人着急并感到可惜。

但是林林却一直自我感觉良好，她经常陶醉在自己的歌声里不能自拔。她从来不在意她的歌声会“打懵”一大批人。

事实上只要林林一亮嗓，张乐怡和杨小婕便会不约而同地夺门而出，落荒而逃。

每当这时，她们总会发现外面的天空格外的爽心悦目，尽管平原市的天空总是灰蒙蒙的，但与林林的歌声相比，这又算得了什么呢？

去年的“最美女声”节目，林林没有赶上，只能流着口水守在电视机前，傻傻地为那些“女声”或哭或笑，无端地浪费了许多感情。所以林林下定决心，无论如何也不能错过今年的“最美女声”。

一过完寒假，林林就在着手准备参加比赛了。

有时她还是清醒的。她明白：凭自己的容貌和嗓音，注定会在海选第一轮被刷下来。

怎样才会被留下？林林在经历了各种假设以后便想着成立一个组合。当然，组合的名字要起得有个性，这样才会被评委留意，也许评委一高兴就把她们给留下了也说不定。这点林林心里倒是明亮得很。

起什么呢？“落花流水”？“半梦半醒”？……林林都觉得不满意。正好肖舒伟走过来向她借钢笔，林林眼睛突然一亮，拍着桌子说：“有了，干林肉舒！”

林林极力游说肖舒伟和她一起去参加“最美女声”，肖舒伟朝她翻了翻白眼：“你神经有问题呀，男女都没分清。”林林这才沮丧地想起，“最美女声”只限女生参加。

现在轮到林林头痛了，名字不但没有了，连组合的对象都没有了。

“张乐怡，我们去参加‘最美女声’如何？”在遭到肖舒伟的拒绝后，林林便把主意打到了张乐怡的头上。

“你看你天生一副明星像，不当明星太浪费了。”为了怂恿张乐怡参加，林林毫不吝惜赞美之辞，同时睁着眼睛说瞎话，“况且你唱歌那么好听。”

“你什么时候听到过我唱歌?”刚开始听到林林的赞美，张乐怡觉得非常受用，但听到林林那样不负责任海阔天空地胡侃，张乐怡有点生气，甚至怀疑起林林对自己赞美的真实性。

其实除了在冲凉的时候，张乐怡偶尔会唱那么一下，其他场合她都会自觉噤声的。因为她清楚地知道自己真的是五音不全。

林林好像意识到自己“吹”得有些过火，赶紧为自己找台阶:“我觉得长得漂亮的女生唱歌都很好听!”

屡遭碰壁的林林并不气馁，这点挫折与成为大明星的梦想相比又算得了什么呢?

可是，又应该找谁呢?林林的眼珠子在教室里滴溜溜地转，突然她的眼睛落在一个书包上。书包上的挂饰图像是去年“最美女声”的季军，现在已是火遍全国的大明星。

“从一个人的穿着打扮，就能看出她的喜好。”林林心里暗暗想到。

书包的主人是熊娇娇。名字虽然显得娇气，但是本人却是“巾帼不让须眉”。说起话来粗声粗气，打起架来也毫不含糊，像韩梦柯和钟恒宇之类的男生经常都是她的手下败将。熊娇娇的文艺细胞虽然没有几个，但也喜欢吼几嗓子。

林林试探着把自己的想法告诉了熊娇娇，熊娇娇嘴巴一咧，小眼睛里立即泛起了兴奋的光芒。

“去，咋不去呢！”

熊娇娇一巴掌便拍在了林林的肩上，林林的嘴角不自觉地往两边扯了扯。

去年因为报名晚了没能赶上“最美女声”的海选，这让熊娇娇很是遗憾，她一直认为歌坛又少了一位像她这样的“重量级”明星。

“就这么定了！”熊娇娇大声地说道，“到时候我们一起去报名。组合名字就叫‘弓箭别在腰杆上’。”

二十一

“叶智源，快射门！唉，臭脚！”

韩梦柯正为叶智源的错失良机而“痛心疾首”，突然觉得耳朵一阵生疼。

他正想张嘴骂，不想那人骂得比他还快：“小王八羔子，你干的好事！”是韩梦柯妈妈那炸雷般的愤怒声。

韩梦柯的妈妈手上紧捏着那张被钟恒宇篡改了分数的试卷。

“完了，东窗事发了！”韩梦柯脚一软，任由他妈拖着他在众人或嘲笑或诧异的目光里向校门外狂奔而去。

韩梦柯将自己的颜面尽失迁怒于数学老师。可是他又能拿她怎样呢？这是个让韩梦柯非常头疼的问题。

韩梦柯一直在寻找机会。

有人说：机会总是垂青于常常思考的人。韩梦柯“成功地”诠释了这句话。

那天韩梦柯去找数学老师改错，正巧老师的办公室里没人，而数学老师的手提包就放在办公桌上，没有拉上包链的包里露出了一叠红色的钞票——那是同学们交的搭餐费。

“真是天助我也！”一个念头从韩梦柯的心里冒出。

他瞟了一眼办公室门口，确定无人后，飞快地从老师的提包里抽出了几张百元大钞，然后不露声色地快速离开了老师的办公室。在楼梯的拐角处，他差点与边打电话边上楼的数学老师撞个满怀。

然而接下来的日子，韩梦柯并没有看到自己预期的情景，数学老师并没有表现出他想象的那样气急败坏。虽然老师也显得有那么一点着急，可她所做的也只是询问同学们有没有漏交或交少了搭餐费用。

这让韩梦柯很是失落，继而又是一阵后怕：如果东窗事发，那么自己就会背上小偷的罪名。

虽然韩梦柯有点叛逆，但叛逆到那一种程度却是他不想也不愿意看到的。可是钱毕竟是拿出来了，想要再送回去也不可能，若要当面去向老师承认，那似乎也不是最理想的解决方法，而且那也不符合他韩梦柯的个性。

“怎么办呢?”韩梦柯揪着自己的头发不停地问自己，他就这样被这个问题无休止地困扰着。

有一天上语文课，唐老师讲到“取之于民用之于民”的时候，韩梦柯突然兴奋地大叫起来：“对呀，取之于民用之于民!”弄得大家是丈二的和尚——摸不着头脑，可他却显得特别开心和激动。

二十二

“兄弟，来一口?”

在教学大楼的天台上，张兆勇和高志原讨好地围着王浩芮。

王浩芮忙摆手：“我不敢!”

无意中碰见这一切，而且还是他们班的这两个“人物”，王浩芮有些害怕，他一边说一边往后退。

“闻闻，挺香的!”张兆勇猛吸了一口，将烟喷在王浩芮脸上，呛得王浩芮直咳嗽。

看着王浩芮狼狈的表情，二人开心地大笑。

“你还是不是个男人哦，连烟都不会抽!”二人嘲笑着王浩芮。

王浩芮不想在是非之地逗留得太久，想下楼去。

张兆勇一把抓住王浩芮的衣领：“是不是向老师告密去?”

“不是!”

“谅你也不敢!”二人威胁道。

“如果你敢去告密，小心我们打烂你的嘴!”

但是“不识相”的王浩芮还是把这件事情告诉了老师。

于是张兆勇和高志原的屁股差点被他们的父母打成“烟丝”。

二人除了遭受到了身体上的“重创”外，连零花钱也被“冻结”了。

“王浩芮，你走着瞧!”在挨打的同时，两人一边在嘴里不停地哎哟着，一边在心里恨恨地想着如何报复王浩芮。

“王浩芮，走！和我们出去一趟。”

第二天下午放学前，张兆勇和高志原走到正在小操场上打篮球的王浩芮面前。

“我为什么要和你们出去?”王浩芮正玩得高兴没好气地回敬他们说。

“嘿，出去更好玩!”二人互相使了个眼色，一左一右，一边拍着王浩芮的肩一边暗自使着劲，不得已王浩芮只能随他们走了。

三人来到校外的一个僻静处，高志原点燃一根烟笑咪咪地塞进王浩芮嘴里，王浩芮“噗”的一声把烟吐在了地上。

“我不抽!”

“哼哼，烟从你嘴里吐出来的，我可不管你抽不抽。”高志原抱着手臂，冷着脸，“50元一根，交钱来!”

“什么?50元一根?你们去抢银行算了!”

“说对了，你就是我们的银行!”二人搓着手围着王浩芮转了一圈，恶狠狠地说，“说!你是主动交还是要我们搜?”

“我没钱，没钱，你们要咋样?等会我就告老师去。”

王浩芮的这句话一下子将张兆勇和高志原刺痛了。二人下意识地摸了下屁股。

“你敢!”张兆勇亮了下拳头。

“你打呵，有本事你就打!”王浩芮不甘示弱，将脸往张兆勇拳头上凑。

“你以为我不敢?”

话音刚落，张兆勇的拳头便打在了王浩芮的眼睛上。王浩芮眼前一阵金花乱闪。待清醒过来，王浩芮便回敬了对方一拳，可是张兆勇往旁一闪，这一拳正打中了高志原的鼻梁，痛得高志原嗷嗷大叫。

“你敢打我?”高志原的拳头疯也似的落在了王浩芮的脸上。

张兆勇更是“落井下石”，趁王浩芮晕头转向之际，将拳头兴奋地落在了王浩芮的身上，直打得王浩芮不停地求饶。

等张兆勇和高志原觉得发泄完毕，停下来揉手喘气时，才发现蜷缩在地下的王浩芮，鼻子直冒血，眼睛出血红肿，小脸早已变了形。二人呆住了，互相用惊恐的眼神望了望对方，然后一溜烟地逃走了。

二十三

“你们老师是怎么当的？我的小孩被打成这样，你说学校该不该负责？”

一大早，校园里一个尖厉的，带有哭腔的声音刺激着大家的耳膜。只隔了一晚上，五一班那个瘦小子王浩芮的脸就像发了酵似的，眼睛也带上了黑眼圈，十足的一个“熊猫”，那模样甚是可怜。

“有什么事还是到校长办公室去解决吧！”副校长和教导主任在旁边劝着激动的家长。

保安也使劲地吆喝着人群散去：“该上课的去上课，不要围在一起，要上课了。”

家长、老师和学生一起被客客气气地请到了校长办公室。

“怎么回事？”校长严肃地问。

“怎么回事？你自己看看！孩子交给你们学校，出门都是好好的，回到家就成了这样子，你们怎么管的？”王浩芮的妈妈情绪依然十分激动。

“你先冷静一下！”

校长示意教导处崔主任去给家长倒茶。

“事情出来了，总要解决的，对不对？发火和吵闹是不能解决问题的。”校长一边说一边请王浩芮的妈妈坐下。

“从小到大，我们都舍不得动他一根指头，结果在学校却被同学打成这样……”王浩芮的妈妈说着开始掉眼泪，“你们学校不给一个合理的解释，我就告到教委，捅到报社去！”

虽然参加工作已快一年的唐老师也见识并处理过孩子之间的许多问题，但打人事件，尤其是像这样打得如此厉害的，她还是第一次见到，除了不停地说“对不起！对不起！”外，她根本就不知道该怎么办。

“哼，对不起，对不起值几个钱？你们要赔偿我儿子身体和心灵的损失费，要开除打人凶手！”王浩芮的妈妈不依不饶，越说越气。

“王浩芮，能告诉老师是怎么回事吗?”唐老师握着王浩芮的手，心疼地抚摸他那被打肿的小脸。

“我……我不敢说。”王浩芮惊恐地往他妈妈怀里躲，“说了他们还会打我的。”

“别怕，告诉老师，是谁打的?”唐老师鼓励着王浩芮。

“还有谁?还不是你们班的张兆勇和高志原!”王浩芮的妈妈几乎是愤怒地吼出来。

“啊?又是他们两个!”唐老师倒吸了一口冷气。

张兆勇和高志原经常在学校和班级里亮相，不过都不是什么光荣的事。

班级的操行分经常因为他们两个的行径，而牢牢占据着每月评比排行榜的末位。为这个，唐老师没少挨德育主任的批评。

唐老师也三番五次找来家长，张兆勇和高志原在尝到了家长的“铁拳”后总是痛哭流涕地在老师面前表示诚恳的悔改之心。

为示诚意，他们还捶胸顿足地写了一次又一次的检讨、反思和保证。但这并不影响他们继续“鱼肉乡邻”。

除此之外，班级内若有不顺他们眼的同学，也会在几个回合的较量后乖乖地“臣服”于他俩的牛仔裤下。

最后，捅到老师那里无外乎都是上课扯了女生的头发、下课打了别人的肩膀，若不然就是把其他同学辛辛苦苦做好的清洁搞得一团糟。除去他们在上学期“祸害”白大褂阿姨的事，像把王浩芮打成这样，还是第一次发生。唐老师觉得问题实在很严重。

“打电话给张兆勇和高志原的家长。”校长朝着唐老师说，“家长来后把那两个学生也带上来。”

半小时后，张兆勇的爸爸和高志原的妈妈急匆匆地赶来了。

“是不是高志原又惹事了?”高志原的妈妈一进门便朝着唐老师问。

“你自己看看!”唐老师指了指缩在妈妈怀里的王浩芮。

“啊?”张兆勇和高志原的爸妈同时倒吸了一口冷气。

“看我怎么收拾你!”张兆勇的爸爸恨得咬牙切齿。

“你们怎么教育子女的？有能力生没能力养啊?”王浩芮的妈妈尖酸地咆哮着。

“对不起，对不起。”高志原的妈妈一个劲儿地道歉。

“该付的医药费我们一定照付。”张兆勇的爸爸赔着笑脸说。

“不要以为你们有几个钱就了不起。我告诉你们，医药费当然要付，我儿子的精神损失费你们也要赔。还有，谁打了我儿子谁就应该付出同样的代价！”王浩芮的妈妈恨恨地瞪了瞪张兆勇爸爸和高志原妈妈。

“你们为什么要打我们家王浩芮？说！哪只手打的？”王浩芮的妈妈突然伸出手来指着张兆勇和高志原厉声喝道。

此时，这两人早已经吓得浑身筛糠了。

“你这个孽子！”张兆勇爸爸的怒火一下子从胸腔里蹦了出来，他一把抓住张兆勇的衣领。

张兆勇的小脸都吓绿了，眼睛紧闭等着爸爸的巴掌落下。可几秒以后却不见动静，他疑惑地睁开眼，看见校长正用力拉着他爸爸的手。

“孩子要靠教育，打骂解决不了问题。”校长开口了。

“我首先代表学校给王浩芮及家长道歉。因为我们管理的疏忽，给王浩芮造成了伤害。现在当事人都在场，我希望大家都能站在对方的立场考虑一下，和平解决这件事。”

“有什么可考虑的，我要求学校开除他们！”王浩芮的妈妈余怒未消。

“你的心情我完全理解，但我们不能因为学生犯了错便开除他们，将他们推向社会。”校长耐心又委婉地劝导着王浩芮的妈妈，“我们不光要对学生负责，也要对社会负责，毕竟孩子还小。”

“要不，让你儿子打回来吧！”高志原妈妈的眼泪一下子涌了出来，“养了这么个儿子，我也难受啊！软的也试过了，该打的也打了，你们说我该咋办？”她哽咽着，“你要打要骂都可以，我也不想管了！”

“妈妈！”高志原见妈妈哭了，也哭着去拉妈妈的手。

高志原的妈妈一把甩开高志原的手，说：“送他去派出所吧！我就当没生这个儿子！”

“妈妈，我不去派出所，这次我一定改，真的，我一定改，妈妈！”高志原一下子跪在妈妈脚前抱着妈妈的腿。

张兆勇也“咚”的一声跪在爸爸面前。

大约这次张兆勇和高志原的爸妈真的伤透了心，任儿子如何哀求，他们都毫无表情。

张兆勇和高志原见形势不对，马上又跪到王浩芮的妈妈面前。

“阿姨，这次是我们不对，我们错了，你打我们吧！”两人痛哭流涕，“我们再也不敢有下次了！”

一直躲在妈妈怀里的王浩芮见此情形竟然也帮着张兆勇和高志原求起情来。

“妈妈，你就给他们一次机会吧！”

“阿姨，你再给我们一次机会吧！”两人不停地恳求。

“机会可以给，但是医药费你们一定要赔付，就当是给你们一次教训！”

在校长和唐老师的劝说下，过了许久，王浩芮的妈妈终于还是软了下来，带着王浩芮看医生去了。

泰戈尔说：“思想掠过我的心上，如一群野鸭飞过天空。我听见它们鼓翼之声了。”

以前只是在电视上看见校园暴力事件，总觉得离我们是那么的遥远。可是当它真切地发生在我们身边时，我们仿佛听见了野鸭展翅飞过的声音。“野鸭飞过”不但在天空划下了痕迹，也在我们的心上留下了痕迹。

这件事，一度在校园里传得沸沸扬扬。所谓“好事不出门，坏事行千里”。许多家长找到了唐老师：“我们的孩子在学校会不会受欺侮?”

“我们不能因为在学校发生过一件不安全事件便怀疑整个学校的安全管理，正如同社会上也会发生交通事故，但大家并不会因为发生了交通事故而放弃乘车一样。我们会加强安全管理的。”每次唐老师都会耐心地给家长们解释。

话虽然如此，许多家长仍不放心，甚至有一段时间大家都不辞辛劳地接送自己的孩子上下学。

张乐怡的妈妈本来也打算接送张乐怡上下学，但被张乐怡拒绝了。因为张乐怡坚信，偶然飘过的乌云始终遮挡不了天空的湛蓝。况且前方还有那么多无法预知的危险，父母能一直陪同着走下去吗?

不管前方充满了多少艰险，张乐怡知道，独自面对的那一天或迟或早终会来临。

不经历风雨，又怎么见识彩虹的美丽?

二十四

临近暑假，“最美女声”终于开始报名海选了。

那天并不是周末，不过这倒难不倒林林和熊娇娇。报名的前一天，林林跟老师说肚子痛，熊娇娇则称腿崴了，两人双双请好了假等待期盼已久的时刻。

她们信奉“早起的鸟儿有食吃”，于是东方才刚露出鱼肚白，两人就飞到了报名现场。遗憾的是等她们赶到现场时才发现比她们起得早的“鸟儿”更多，人头攒动的队伍，见尾不见头。

等她们领到了报名表匆匆填好后已近中午，接着又忙着排队去领海选号牌。几番折腾下来，已是傍晚时分。候了一天的队，两只脚都有点站不稳了，二人直叹：“做个明星也不容易！”可是二人的疲劳和抱怨被工作人员的一句话一扫而光：“明天的海选活动将由乐乐小姐和汪汪先生亲临主持。”

“汪汪先生?”想到明天可以近距离接触偶像，二人顿觉神清气爽。

第二天海选，二人比前一天起得更早。虽然不用再排队，但是二人想选个好点的地势多看看偶像。

太阳暖暖地升了起来，人群里的温度也骤然升了起来。

“来了，来了!”有人激动地尖叫。

二人踮起脚尖，果然看见期待已久的大名鼎鼎的乐乐小姐和汪汪先生正笑盈盈地登上舞台。

林林不由得全身震颤了一下，熊娇娇尽力把眼皮往上拉，本想紧紧拽着林林的手，可是她发现有点徒劳，不但自己手心里全是汗，林林的手心手背也都是汗。她唯一能做的只有一手捏紧拳头，一手捂着嘴巴，生怕自己一呼吸一眨眼的工夫，会错过汪汪先生的一个动作或者一个表情。此时她们完全忘记了自己的梦想。

“3847 号!”汪汪先生连叫了两声。

还是林林先清醒过来，她用手推了推还在发呆的熊娇娇。

“快，轮到我们了。”

熊娇娇如梦初醒，眼睛极不情愿地从汪汪先生脸上那颗不易让人发现的雀斑上收了回来，头一低脚一拔拽着林林便往台上冲。

“错了错了，是那边！”

原来熊娇娇往评委席上冲了过去。林林用了九牛二虎之力才把熊娇娇扯上“正道”。

“老，老师好！”二人有些结巴。

或许是人群太过拥挤，熊娇娇的头发不知何时已散落下来，遮住了她的大半个脸，只露出了她那对小豆眼。

“我们是‘腰杆别在弓箭上’，哦，不对，是‘弓箭别在腰杆上’组合。”林林好像太紧张了。

“好奇怪的名字，你们喜欢暴力？”一个评委忍不住问。

“不是啦，只是一个名字啦！”熊娇娇一改往日的粗犷，顺手将遮住眼睛的头发温柔地往后拢了拢，同时用眼睛快速地瞟了下汪汪先生，娇滴滴地说。

一旁的林林只觉得浑身如同被电击过一般，旋即又是一阵冰凉，她真恨不得当场拿块豆腐撞死算了。

“我们给大家带来的曲目是《我的未来不是梦》。”

林林的腿不由自主地抖起来。为了稳住自己，她连忙紧紧拽着熊娇娇。

谁知二人还是因为太紧张，忘记了私下早已达成的约定。两句歌词过后，熊娇娇便习惯性地拿出了“雄赳赳，气昂昂”的架势，而林林则不由自主地抛出了“三部曲”中的第一部。

如鬼魅般的声音刚亮出前半截，汪汪先生的话筒便咚地一下掉在了地上，一位正聚精会神喝着赞助商提供的饮料的评委，“噗”的一声将饮料全喷在了地上……

不用说，二人的明星梦像被打碎了的水晶球一般，只留下一地的碎片。林林蹲在地上，泪流满面，熊娇娇站在旁边也是郁郁寡欢。

二十五

熊娇娇的郁闷如同初冬的第一层薄雾，被阳光一照，转瞬便没有了踪影。在遭遇了海选失败以后她转身又投入了啦啦队的队伍：像去年一样为她喜欢的选手呐喊加油。

今年熊娇娇特别喜欢本市的冠军——尚丽莎。不自觉中她也成了一个标准“丽莎迷”。尚丽莎要去参加“最美女声”总决赛，而对尚丽莎形成威胁的是广州一个叫黄思雯的选手，她在网上的呼声高极了。熊娇娇看在眼里急在心里。

“决不能让广州的选手把冠军给夺了去。”熊娇娇似乎有着极强的爱乡热情。

她煽动魏翔鹏利用所有的网络关系在网上给尚丽莎投票，同时还偷偷用妈妈的手机给尚丽莎投票。

“熊娇娇今天怎么没来上课?”补习班老师的电话打到熊娇娇的家里，接电话的正好是她妈妈。

“一大早她就出门，说是去补课了!”熊娇娇妈妈有些不相信，“我就觉得奇怪，她今天怎么这么主动?”

熊娇娇妈妈挂了电话气冲冲地下楼找熊娇娇去了。在楼下她正好遇着邻居小孩，一问才知熊娇娇早去市中心绿化广场帮尚丽莎拉选票去了。

“今天非得收拾收拾这个不懂事的孩子不可!”熊娇娇

妈妈打车怒气冲冲地往市中心奔去。

一下车，熊娇娇妈妈老远就看见一群人举着尚丽莎的大幅照片在游行，定睛一看，走在最前面扛着口号旗的正是熊娇娇，此时她正扯着嗓门鼓动大家给尚丽莎投票。

熊娇娇妈妈一把冲过去把熊娇娇抓到一边，还没来得及责问，一个自称是《平原商报》的记者马上把镜头对准了母女俩。

“请问你是她的母亲吗?”

“对小孩的这种举动你有什么看法?”

“小孩子当然应该以学习为重。”妈妈更生气了，“不学习跑来弄这些……”

“难道你不希望家乡人夺得冠军吗?”记者冷不防地问。

熊娇娇妈妈一下子懵了。“不希望家乡人夺得冠军!”她可不想背负起不热爱家乡的罪名，她也不想看见自己和女儿的照片出现在明天的报纸上，并配上一个醒目的标题：我市的一位母亲极力反对自己的女儿为尚丽莎投票。

熊娇娇妈妈不由得将手一松，口中喃喃道：“疯了，这个世界……”

第三章

阳光总在风雨后

二十六

“七月流火”的日子里，在张乐怡爸妈的努力下，“怡然串串香”终于在电子路音乐广场附近正式开张了。

“在哪里跌倒就要从哪里爬起来。”爸爸坚定地对张乐怡说。

有人说家庭其实才是孩子的第一所学校，这话是有道理的。

爸爸的坚强或多或少影响到了张乐怡。不管未来会遇到多少风雨，张乐怡都告诉自己：从哪里跌倒就从哪里爬起来。

酷热的暑假伴随着渐起的秋风，飞一般地远去了。

又到了开学的日子，妈妈为了处理老家的一些事情，而不能陪张乐怡一同回到平原市报到了。突然间，张乐怡竟涌出一种说不出的不舍，对家乡也对她的妈妈。

接连下了几天的雨终于还是停了，但路上满是泥泞。临走那天，妈妈到车站送张乐怡，她生怕弄脏了张乐怡的行李，于是将行李包扛在肩上，佝偻着背，在秋风中缓缓前行。妈妈老了，张乐怡明显地感到岁月的铧犁早已无情地在妈妈的额头和双颊上留下了深深浅浅的沟壑。只是这么多年来，张乐怡只顾玩耍而忽略了一直关爱她的妈妈。是的，或许已有几年了吧，张乐怡都不曾仔细端详爱她的妈妈了。而今天，就在今天，张乐怡意外地发现妈妈老了，很明显的。一股无法遏止的情感冲了上来，张乐怡感到鼻子有些酸，眼睛有些涩……

车来了，妈妈麻利地把行李放上了车，拉着张乐怡的手，不停地对张乐怡说着什么，可她听不见。望着母亲，张乐怡任凭泪水大滴大滴地落下来。车启动了，张乐怡拼命地挥动双手，想再牵牵妈妈的手，也想大声地告诉妈妈，自己知道努力学习了。可她张了张嘴，却什么也没说出来……

二十七

“四·二班转来个加拿大学生。”刚一迈进教室，钟恒宇便急不可耐地大声宣布，样子非常激动。

“切，崇洋媚外的家伙！”有人不屑一顾。不过张乐怡的脑海里马上便浮现出一个白色肌肤金黄色卷发形象的外国人。

“还是个小帅哥哦！”钟恒宇朝大家讲的时候还不忘夸张地眨眨他的小眼睛。

不知道是抵抗不了外国人的诱惑还是小帅哥的诱惑，总之，下课后，张乐怡和杨小婕的两只脚便不由自主地迈向四·二班。

“哪里有什么加拿大人?”张乐怡和杨小婕将目光上下左右扫视了一圈，都没有在黄皮肤黑头发的人群中发现“异类”。

“嘿嘿，你们是来看龙爱国吧？靠窗第二排右边的那个就是!”有热心的同学在介绍。

“什么哦?”心事一下子被别人看穿了的张乐怡和杨小婕都感到有点窘迫，杨小婕随机应变：“我是来找我表妹拿书的。”

说归说，但她们的视线还是不由自主地随着那位同学手指的方向望去。

“不就是一中国人嘛，黄皮肤黑头发。”张乐怡和杨小婕有点失望。

失望归失望，但有关龙爱国的一举一动、一言一行都被好事者当作了新闻在广播。这也难怪，在一群鸡里出现一只鹤，当然会吸引众人的目光。“鹤立鸡群”这个成语大概就是这么来的吧。

二十八

“梁逸轩一票！”

“朱雅娟一票！”

“梁逸轩一票！”

“杨小婕一票！”

“梁逸轩一票！”

“李俊杰一票！”

“梁逸轩一票！”

……

班干部换届选举在班上正如火如荼地进行着。

杨小婕那悦耳的唱票声，此时对李俊杰来说简直就是一种煎熬。李俊杰埋着头不敢看黑板。

“梁逸轩 35 票当选为班长！”杨小婕兴奋地宣布。紧跟着唐老师又讲了什么，李俊杰完全没听进去，他的脑袋一片空白。

“宝贝，你怎么啦?”见李俊杰脸色苍白，李俊杰的妈妈甚是担心。

“是不是病了?”李俊杰妈妈摸了摸李俊杰的额头，“没有发烧呀!”她自言自语道。

李俊杰还是沉默不语，但泪水已经在眼眶里打转。

“宝贝，你有什么事对妈妈讲好吗，有妈妈在别怕!”见一向很少掉眼泪的李俊杰这个样子，李俊杰妈妈手脚无措，眼泪也跟着掉了下来。

“妈妈，班长选举，我被选掉了。”李俊杰抽噎着。

“哦，我还以为是什么大事呢!”李俊杰妈妈紧张的心一下子放松了，“不当就不当呗!”李俊杰妈妈安慰着李俊杰。

“我当了那么多年，帮老师做了那么多事，怎么会一下子就被选掉了?”李俊杰很委屈。

当然李俊杰心里还有个疙瘩：“这个好处怎么让梁逸轩给抢了?”

“还有办法可以挽回吗?”李俊杰妈妈轻言问李俊杰。

“已经宣布了，是梁逸轩!”

“哦，是梁逸轩呵!”李俊杰妈妈若有所思地重复着。梁逸轩的优秀在家长圈里还是有名气的。

“宝贝，那我们现在是不是可以想一下我们还有哪些地方没做好?”李俊杰妈妈鼓励着李俊杰，“这次没有机会，还有下次，况且班干部也不只班长一个嘛。”

话虽是这样说，一连几天李俊杰还是打不起精神，上课老是走神。

“李俊杰，下课后到我办公室来一趟!”唐老师上完语文课后对李俊杰说。

李俊杰忐忑不安地敲开唐老师办公室的门，唐老师让李俊杰坐下，又倒了一杯水给他。李俊杰难过的心情稍微平复了一些。

“因为没有当上班长有点闹情绪?”唐老师温和地问李俊杰。

李俊杰点点头又赶紧摇摇头。

“是有还是没有?”唐老师笑了，“有点情绪很正常，说明我们曾经的班长大人也是个常人嘛。”唐老师开玩笑似的说。

“你为班级做了很多事，我们都看在眼里，你是个勇于担当的孩子，当了这么多年班长说明同学们都认可你。”

“那他们这次为啥不选我？”这个问题一直萦绕在李俊杰的脑海中，他不甘心地问。

“是呀，他们为啥不选你？”唐老师反问李俊杰。

李俊杰摇了摇头，随即补充道：“是不是我管理他们太严，得罪了不少同学？”

“这几天我也一直在想这个问题。我在想这么优秀的班长他们都不要，他们心里到底在想什么？下来我也问了一些同学，应该说是我这个当班主任的，没有及时指出你在日常工作中存在的问题。这，我也需要检讨。”

“你的能力强，老师交给你的工作你都能办得很妥当，班级管理得也很好，这几年我们班连续被评为学校优秀班集体，去年还被评为区级优秀班集体，这些都与你的付出密不可分！”唐老师停顿了一下，“但是管理能力强并不代表同学就会认可你，这里面还存在着一个管理方法的问题。

比如：有没有站在同学的立场去考虑问题。如果管理的方法不当，同学会认为你拿着老师的鸡毛当令箭，以老师的口吻说话，同学会将你当作半个老师，不与你交心。想想看，你平时在与同学的相处中有没有这样的问题？”

李俊杰认真想了想，还真是。平时他总以半个老师自居，动辄以老师的口吻来教育那些不听话的同学，若稍有反抗，他便会报告给老师。时间久了，同学们对他恭敬了，但也少了同学间的那种“亲热”。曾经李俊杰还为自己在同学中有这种“威信”而沾沾自喜呢，有一次熊娇娇当着很多同学的面故意叫他“李老师”，而他还很是得意。

“那我要怎么做才能挽回在同学心中的形象呢？”李俊杰红着脸望着唐老师。

“解铃还须系铃人！这要靠你自己去改善在同学心中的印象，而不是靠老师用所谓的权威在班上讲道理让同学接纳你。”唐老师沉吟了一下，“这样，你来担任劳动委员的职务，用心去为同学服务，好吗？我相信同学还是会认可你的！”

李俊杰点了点头。

二十九

穿上水晶鞋，从灰姑娘变成童话故事里的白雪公主，在舞台的中央光彩夺目地舞蹈，这也许是每个女孩子都有的梦想。

杨小婕当然不是灰姑娘，在现实生活中她就是一个骄傲的公主。可公主也梦想着在舞台上绚烂绽放的那一刻。

上课时，杨小婕不时地用眼睛瞟着半掩的抽屉，那里面有她心爱的舞蹈鞋：白色的，皮制的，柔软极了。杨小婕忍不住想用手去摸摸。

“杨小婕，上课要用心听讲哦。”唐老师冷不丁的一句话，把杨小婕吓了一跳，伸出去的手受惊般地缩了回来，脸红得像个熟透了的苹果。

“什么宝贝？小婕，快让我们看看！”

下课铃响后，老师的脚刚迈出教室门，林林便迫不及待地窜到杨小婕面前。杨小婕也一改往日的矜持，兴奋地将芭蕾舞鞋拿出来展示，立即，一大群女生围了过来。

“好漂亮哦！”周围又是一片惊叹声。

“可是鞋尖那么平，怎么塞得进去脚啊？”林林疑惑不已，伸手拿鞋便要往自己脚上套，杨小婕尖叫着一把抢了回去。

“啊！不能弄脏了！”杨小婕昂了昂头，“我要演主角了，今年市政府组织的新春慰问演出，就在文化宫，到时你们要来捧场哦！”

其实，杨小婕的这个主角是来之不易的。因为以前演这出舞剧主角的小女孩摆谱不想演了，机会才降临在杨小婕头上。尽管有拾人牙慧之嫌，可杨小婕还是很高兴，毕竟有那么一大群跳舞的女孩子，为什么偏就选中她了呢？

当她把这个消息告诉她爸妈的时候，爸妈当然很高兴。杨小婕的爸爸特意委托朋友从丹麦寄了双芭蕾舞鞋回来。他说丹麦是名副其实的童话王国，穿上丹麦舞蹈鞋，才会变成真正的白雪公主。杨小婕的妈妈也发话了：“等你表演的时候，我一定拉上一大帮朋友为你捧场。”

为此，杨小婕不敢有丝毫的松懈，除了怕自己在妈妈的朋友面前丢脸外，更重要的是这场演出是市政府组织的新春慰问表演，到时候会有许多政府官员和外国客人来观看。第一次，杨小婕体会到了压力是什么滋味。

离表演的日子越来越近了，杨小婕却仿佛失去了信心。

“乐怡，你说，万一正式表演的时候，我一紧张忘了动作咋办呢?”

张乐怡也不知道咋办，她没有在万众瞩目下表演的经历，顶多就是她很小的时候家里来了亲戚，在爸爸妈妈的“逼迫”下给亲戚们唱那首不知道唱了多少遍的“小燕子穿花衣”。其实，刚开始她也很紧张，可爸爸总鼓励她说：“不要看他们的眼睛，你就当他们是桌椅板凳。”还别说，这招挺管用，于是张乐怡决定把爸爸传授给她的经验毫不保留地传授给杨小婕。

“面对桌椅板凳你会紧张吗?”

“当然不会!”杨小婕有点丈二的和尚——摸不着头脑。

“你把观众当作桌椅板凳不就得了!”

“有用吗?”杨小婕疑惑地问。

“当然有用!”张乐怡一副成竹在胸、经验十足的样子，

"不信你可以站在讲台上去试一试!"

下周刚好有班队活动。一向对班队活动不屑的杨小婕有点动心了。

"小婕要表演舞蹈。"

文娱委员统筹节目的时候，杨小婕还犹豫不决，而张乐怡却自作主张地替杨小婕报了名。

"你不要害我去丢丑。"杨小婕责怪着，脸上却浮起了一丝笑意。

对杨小婕的节目，大家都翘首以待。因为杨小婕说了她会在班队活动上表演她将在市政府新春慰问演出活动上的舞蹈，还说什么这叫节目提前感知。

终于盼到杨小婕登场了，从卫生间换好"行头"的杨小婕像白雪公主般出现在大家的视线里。

"哇，好漂亮!"大家不约而同地发出赞叹声。

开始还有点忐忑不安的杨小婕似乎找到了自信。只见她环视了一下四周，在《天鹅湖》的音乐声里，杨小婕用手指尖撩起裙角，头高高地斜昂着，十个脚趾尖撑起她的身体，开始了她的舞蹈。杨小婕轻快地用脚尖在地上滑行着、旋转着……此时面前舞蹈着的仿佛已经不再是那个大家熟悉的杨小婕了，而是从大森林里飞出来的精灵，那么高贵，那么纯洁。他们仿佛看见了在潺潺的小溪边、在碧绿的草地上、在娇艳的花朵间欢快舞蹈着的精灵。大家屏息欣赏着，还没回过神来，杨小婕已飘然回到座位上了。

“小婕，你跳得真棒！”林林似乎还沉浸在刚才那梦幻般的情境中，眼神有点痴迷。

“你演出的那天我们一定去看你表演！”

“到时化了妆，加上舞台灯光，一定更好看。”

大家七嘴八舌地议论着。

杨小婕擦了擦脸上的汗珠，露出一丝满意的笑容。

“你那招还真管用。”杨小婕私下对张乐怡说。

“可是，我却不幸变成了桌椅板凳。”张乐怡自嘲道。

三十

“李俊杰，钟恒宇没扫地，他又跑去打乒乓球去了。”

林林找到正在校园一角发呆的李俊杰告状。

要在以往，李俊杰绝对会一拍大腿，猛地站起来，大手一挥，“他在哪？我就不信了，孙猴子竟想打如来佛的翻天印。”然后带着告状的人将正醉心在乒乓球桌前的钟恒宇拽回教室，再叉着腰守着他做完清洁。

然而今天，李俊杰却保持着刚才的姿势，两眼空洞地望着天。天灰灰的，似有暴雨来临。

“你怎么啦?”林林用手在李俊杰面前晃了晃。

“你烦不烦啊?”李俊杰一把推开林林的手，“哪里凉快哪里呆去!”

一个热衷于“事业”的人，仿佛在一夜之间便失去了往日的神采，突然变得沉默、烦躁甚至有些迷茫了。

“你怎能一声不吭地就转走了？我还能和谁一起切磋琵琶？”

这是李俊杰妈妈在帮他收拾房间时看到的一张小纸条，直觉让李俊杰妈妈感觉到问题的严重性。

“儿子，你是不是有什么不开心的事？”晚餐桌上李俊杰妈妈试探性地问了问儿子。从小到大，儿子一直很信任妈妈，有什么话都会给妈妈讲。

李俊杰皱着眉头：“吃饭就吃饭嘛，哪有那么多废话！”他一句话就把妈妈顶了回去。

“不吃了，我回房间做作业了。”“咚”的一声，门被重重带上，那一声也重重地敲在了李俊杰妈妈的心头。

第二天，李俊杰妈妈放下手头的工作，与李俊杰最要好的同学和唐老师联系，想要弄清儿子变化的原因。

“儿子早恋了！”

李俊杰妈妈倒吸了口冷气，觉得问题很棘手。

自从涂悦然随她的父亲转学去新疆了之后，李俊杰就像变了个人似的。

如何处理这件事又不伤害到孩子，这让李俊杰妈妈伤透了脑筋。

“让一个他比较信任的人去和他聊聊吧。也许比较有用。在这个时候，父母和老师说什么孩子都会比较反感。”一个教育专家对李俊杰妈妈说。

李俊杰妈妈找来了所有她认识的人，想要帮助李俊杰，可结果都是徒劳。

李俊杰还沉浸在对涂悦然的回忆中。他不敢相信也不愿相信涂悦然居然连招呼也没有给他打一个，就悄悄地转学走了。

往事如昨，还那么清晰。可……

李俊杰的整个灵魂都跟着涂悦然走了，只留下了一具躯壳。

三十一

“龙爱国，把手放在桌子上，身子要坐直!”老师看到龙爱国听课时不安分的手便大声对他说。

龙爱国一看周围，果然大家的手都整齐地放在桌子上。他极不情愿地将自己的手也放在了桌子上，可不到几分钟又原形毕露。

“老师，这道题我会!”龙爱国一蹦就从座位上弹了起来，两只小手狂舞着。老师没有正眼看他。龙爱国急了，一下冲到老师跟前，举着小手说，“老师，老师，让我来，让我来。”

“回到座位上好好坐着!”老师有点愠怒。龙爱国只好垂头丧气地回到座位上。

“龙爱国太调皮了，你们家长要多花点心思去规范他的行为习惯!”老师对接龙爱国回家的外婆说。

“龙爱国，加拿大多好，干吗回来啊?”有好奇的同学问他。

“爸爸妈妈怕我忘了汉语，忘了根，所以就带我回来了！加拿大再好也不是我的祖国呀。”龙爱国一本正经地回答。

“中国话有什么好学的，现在好多人都抢着学英语了，我爸爸在外企，尽管都是中国人，可从来都不说中国话。”

说这话的是周洲，他爸爸在500强外企上班。受他爸爸的影响，他不时会蹦出一两句外语，很是让一批同学仰慕。

可自从龙爱国来了后，他唯一可以炫耀的优势正一点一点地被剥蚀掉，这让他对龙爱国很是不满，所以一有机会就会和龙爱国对着干。

“假洋鬼子!”龙爱国不屑地看了他一眼。

“我家后院有两棵树，一棵是枣树，另一棵还是枣树。”龙爱国读到鲁迅先生的这段话时，怎么也不理解。

“老师，他为什么不直接说我家后院有两棵枣树呢?”

按龙爱国的理解，鲁迅先生有凑字数赚取稿费之嫌。但是他不敢说出口。

果然，老师连文章都没瞟一眼：“你知不知道就是这么淡淡的几句话，言语已经达到相当老辣的程度，反映了鲁迅先生彷徨的心情。”

龙爱国虽然有些迷惑，但却不知说什么好。

不久后，龙爱国在一篇作文中写道："我有两个姐姐，一个是女的，另一个还是女的。"老师在作文本上批阅："废话！"

龙爱国在心里嘀咕："为什么鲁迅先生的话是名言，我写的就是废话？"

"我最喜欢我的数学老师了。她像只温柔的老虎……"龙爱国在命题作文《我的老师》中这样写道。

语文老师将他的作文当作"范例"在全班宣读。老师刚读到这句，全班同学立刻笑得人仰马翻。

"你们觉得这一处有什么不对吗？"老师故作不解。

"老师，老虎应该是凶恶的，他怎么能把老师比作老虎呢？"有同学边说边忍不住笑。

"说得很对。这里面有两点错误：一是老虎在每个人心中都是凶残的形象，怎么能把老师比作老虎呢？另一点是'温柔'用得不恰当。怎么能将'温柔'一词放在老虎身上呢？当然，这也不能怪龙爱国同学，毕竟他学中文的时间很短。"老师善意地指出了龙爱国习作中的不足，同时也为他打了圆场。

“不过，龙爱国同学也不能以长时间生活在加拿大为借口，正因为身处国外，更要把母语学好。”语文老师语重心长地对龙爱国说，“你课余时间应多读些书籍。”

“外婆，你知不知道，以前我这样写，加拿大老师还夸奖我，说我有想象力呢!”龙爱国回家委屈地对他外婆说。

龙爱国不仅是整个学校的新闻，他也成了张乐怡定时给父母报告的新闻。

“爸爸，今天龙爱国……”

张乐怡的爸爸听后总是一副不置可否的样子，有时神色还有些凝重，不过这并没影响到张乐怡在他们耳边继续报道有关龙爱国新闻的热情。

终于有一天，当张乐怡正在绘声绘色描述龙爱国的“英雄事迹”的时候，妈妈忍不住了。

“张乐怡，我觉得你应该把心思更多地放在学习上。你和他不一样，别人家境好，国外有亲戚，你唯一的出路就是读书，考个好的大学，以后才有更好的前途，才能在城市里扎下根。”

“为什么只有考好大学才有前途？那么多人没考上大学

是不是都没前途了？发明灯泡的爱迪生没上过大学不是照样有出息？”张乐怡有点不满。

“你这孩子，你少受点那个孩子的影响。我不跟你贫嘴，没有哪个父母会害自己的孩子，长大你就知道了。现在我要去店里，你吃完饭不用收拾，等我回来再弄，做作业要紧。”

随着沉重的关门声，张乐怡的心不由得缩紧了。

三十二

生命中，总有一些人会让你念念不忘，那是因为思念。然而还有一些人，也会让你夜不能眠，那却不是因为思念，而是愤怒和憎恨。

国庆节过后一个多月，陈翱春终于盼来了他等候已久的运动会。

“本次运动会，除了要在各个项目上争取拿得好名次外，大家尤其要注意，不要大意失荆州，更不要在小阴沟里翻了船。”班长梁逸轩在做运动会赛前动员工作。这句话仿佛是针对陈翱春说的，当然同时也表达了同学们对上次失败的不甘心。

“士气鼓舞也是不可少的。我们要拿出我们班的特色，要充分地发挥团队作用。”梁逸轩接着说。

根据梁逸轩的“人尽其才，要最大化地利用每个同学的优势资源”的指导方针，张乐怡和杨小婕被编在了啦啦队。不是用嘴，而是用肢体——舞蹈为本班选手呐喊助威。

梁逸轩说她们两人的声音合起来也不会超过二十分贝，这当然不符合他的“优势资源最大化利用”方针，但他说：“张乐怡和杨小婕的优势在身材和脸蛋上……”他的话还没说完，张乐怡的笔套、杨小婕的作业本早已向他飞了过去。

“陈翱春，这次可就看你的了！”临比赛前，张乐怡和杨小婕来到陈翱春面前，陈翱春正专心做着赛前热身。

“可不能让我们失望哦！”杨小婕似乎在提醒陈翱春。

“不会的，你们等着瞧！”陈翱春向她们俩坚定地挥了挥双臂。

按惯例，赛前是各班啦啦队表演。

张乐怡和杨小婕花枝招展地一亮相，果然引来不下两千分贝的尖叫声和口哨声。只见她们两手各拿着一束花，配合着音乐，摇晃着脑袋，尽情地扭着腰肢。为了一雪前耻，杨小婕将她奶奶跳秧歌用的腰鼓也拿来了。在扭动身体的同时，她用手击打着腰鼓，甚是拼命。

二班也不甘示弱，也大打“美女牌”。一个女生吹着笛子，另一个女生干脆边唱边跳起了“对面的女孩看过来……”

长跑还没开始，操场上已是硝烟弥漫。

随着裁判老师的一声哨响，比赛开始了。大家都伸长了脖子将目光锁定在陈翱春和苏啸渊的身上。

陈翱春攒足了劲要报仇雪耻，苏啸渊誓死要捍卫冠军宝座。

陈翱春以为苏啸渊还会像上次一样不紧不慢的，所以他也决定学苏啸渊那样慢吞吞的。可是等他一抬眼，苏啸渊却“嗖”的一下窜到了队伍的前面。

“哼！跟我玩花招！”陈翱春来气了，他也马上提速赶上并超过了苏啸渊。

他以为苏啸渊会拼命追上来，可是却并不见苏啸渊发力提速，与此同时另外一名选手杨洋居然也超过了苏啸渊。

“他又在搞什么鬼?”陈翱春有点吃不准了。他不由得放慢了脚步。可一抬眼，苏啸渊又在他前面“晃悠”着，好像故意和他作对。

“好啊，我让你超!”陈翱春决定不再去想苏啸渊的葫芦里到底卖的是什么药，他气呼呼地又超过了苏啸渊。

“这次我一定要赢!”陈翱春在心里暗暗地给自己打气。

前面不远就是终点了，而苏啸渊距陈翱春还有一段距离。陈翱春仿佛看见胜利在向自己招手，他不由自主地向看台上的人群挥舞着双臂。大家都觉得胜利应该非陈翱春莫属，张乐怡和杨小婕已经准备冲过去向陈翱春祝贺了。

然而陈翱春却在临近终点的时候跌倒在地。乐极生悲也许就是这个样子吧，大家只能眼睁睁地看着苏啸渊赶了上来。

“唉，煮熟的鸭子又飞了。”张乐怡不由自主地叹息，“苏啸渊是陈翱春的克星。”

这下轮到六·二班激动了:“苏啸渊，冠军，冠军!”

除了眼睁睁地看着苏啸渊准备撞线外，张乐怡她们班的同学们什么也不能做。

然而意想不到的事情却发生了：苏啸渊在要撞线的那一刻迟疑了一下，然后折转了身，扶起正要努力爬起来的陈翱春。大概是跌得太狠了，陈翱春起来时脚有点跛。苏啸渊搀扶着他，两人一起走过了终点线。

全场静默，继而是经久不息的掌声。

苏啸渊的行为无声地给大家诠释了“友谊第一，比赛第二”的真正内涵。

三十三

晚饭过后，李俊杰又跟往日一样，躲进自己的书房，回忆那些曾与涂悦然共度的美好时光。

书桌上，一张折好的纸进入了他的眼帘，好奇心驱使他打开：

致儿子的一封信

亲爱的儿子，你好！

很想跟你说说我的心里话，可我不知道用哪种方式更合适。今天，我决定还是以这样的方式，你能接受吗？

儿子，妈妈爱你！也许在你的眼里，妈妈有些啰唆，也有些不近人情，甚至有时还让你感到有点烦……可不管怎么样，孩子，妈妈真的爱你！

你的快乐已经存在妈妈的记忆里，你的痛苦也刻在了妈妈的心里。儿子，你要知道："你是快乐的，我才是幸福的！"

可妈妈发现：我的儿子已经有好长的时间不快乐了。曾经的那个快乐自信的儿子变了，变得沉默、烦躁、迷茫了。妈妈看在眼里，急在心头。

俗话说："母子连心。"看着儿子沉默不言、烦躁不安甚至夜不能眠，妈妈的心在滴血呀！儿子，妈妈的心真的好痛！可妈妈竟然不知道该如何来安慰你、帮助你，你能原谅妈妈吗？

儿子，在成长的路上，我们会遇到很多风浪。可正因为有了这些挫折，我们才会变得更成熟。

不要惧怕这一切，只有勇敢地面对，你的人生才会更精彩，也会更丰富！

开始懂得对异性的欣赏，是一件美妙的事情，这说明我的儿子长大了，妈妈本应该高兴才对，只是，你的这份感情体验未免来得太早了一些。爸爸和妈妈还没来得及做好心理准备。爸爸和妈妈更愿意将你的这份感情理解为友谊，只是这份“友谊”在让你陶醉的同时也让你受到了伤害。

儿子，人生的感情路上并不全是鲜花和巧克力，也并不总是充满着美好与甜蜜，有时候也会伴随着痛苦和折磨。因为你尚小，还不懂得如何去把握，所以受到伤害也在情理之中。不过小小的伤害并不可怕，它从另一个侧面说明儿子在人际关系交往中还不成熟，需要学习的地方还很多。

一把沙子握在你的手里，如何才能留住它？是用力抓紧还是放开双手？儿子，缘分有时也是需要放手的，要知道，也许你紧紧拽住的并不是属于你的那一片天，不如放开了手，你认为如何？

我相信儿子会有真正长大的那一天，也会有真正属于你的不会让你受到任何伤害的那份缘。那时，爸爸和妈妈一定会亲口对你说：儿子，你长大了。

不知不觉中又啰唆了这么多，可想要说的还有很多。今天暂时到这儿吧！儿子，你能体会妈妈这颗疼爱你的心吗？妈妈好希望更多的时候，咱娘儿俩能聊聊天，不管以什么方式。妈妈更希望，不管是你的还是我的快乐与痛苦，咱娘儿俩能一起分担。儿子，你说行吗？

亲爱的儿子，不管怎样，妈妈爱你，永远！

爱你的妈妈

泪水，像汹涌的小河顺着李俊杰的脸肆意地滑落下来……

“妈妈！”李俊杰敲开了妈妈的房门一下子扑在了妈妈的怀里。

久违的笑声从小屋的窗户荡漾开去……

三十四

“小婕，你怎么还没睡?”晚上12点过后杨小婕的爸爸应酬回来，见她房间还亮着灯，推门进去。

小婕正专心致志地压腿，冷不防被爸爸的声音吓了一跳，小腿肚子一哆嗦——抽筋了，一下子跌坐在地上。爸爸心疼地赶紧上前扶住小婕。

“唉哟!”小婕忍不住叫了起来。

“怎么啦？让爸爸看看。”爸爸紧张地检查小婕的脚，脚尖的白袜子上有血迹。

“这是怎么回事?”爸爸指着袜上的血迹问。

“练踮脚练的。”小婕委屈地说。

杨小婕的爸爸毕竟是机关干部，单从这一句话和语气中就意识到小婕的思想上有了波动。要知道做思想工作可是他的强项。

杨小婕的爸爸拉起小婕的手，坐到沙发上，正色地对她说："任何事情，要想成功就得付出。著名作家冰心不是说过吗，成功的花，人们只惊慕她现时的娇艳，然而当初她的芽儿，曾浸满奋斗的泪水。"小婕懂事地点了点头。

命运总是不等到那一刻，你就永远也猜不出将会发生什么。

信心十足的杨小婕焦急而又耐心地等着上台表演的那一刻。大家也满怀希望地期盼着她的演出。连唐老师也发话了，说那天一定会带领全班同学去给杨小婕捧场。

当大家坐在人头攒动的礼堂里，看着绣有蕾丝花边的舞台幕布徐徐拉开的时候，大家都准备好了热情的掌声来迎接杨小婕的出场。他们相信今天的杨小婕一定会是万众瞩目的焦点。

终于，在欢快的音乐声中，主角光彩照人地出场了，然而出人意料的是主角却不是杨小婕。只不过，她跳着和杨小婕在班队活动中一样的舞蹈。

"怎么会这样呢?"大家议论开了，"难道是杨小婕骗我们?"

生活中的杨小婕虽然像个骄傲的公主，但是她诚实不撒谎，这是大家有目共睹的。

“可到底发生了什么呢?”

大家终于在一群配角里找到了杨小婕的身影。

张乐怡、林林和朱雅娟在演出还没结束时便早早等在出口处。杨小婕出来了，张乐怡正想迎上去，可杨小婕却低下头挽着妈妈的手快步走出出口坐车离去了。她们看见杨小婕的眼圈是红的。

原来，在临上场表演的一个小时里，那个一直表演主角的小女孩找到老师要求参加表演。老师有点犯难：杨小婕的刻苦和进步大家都有目共睹，但是她缺少大型表演经验；而小女孩表演到位，却经常摆谱。老师把难题甩给了杨小婕。

“不行!”杨小婕的第一反应便是拒绝，“她凭什么想演就演不想演就不想演?”杨小婕很委屈。

刚好小婕的妈妈进化妆间看小婕，闻听了事情的经过，妈妈沉思了一下，对老师说：“让那个小女孩上吧!”老师如释重负地连连点头。

“你为什么要同意她上?”小婕哭着对妈妈说。

妈妈没吭声，只是怜爱地摸着小婕的头。

回到家，杨小婕把自己关在房间里面生闷气。无论她爸妈怎么敲门，她就是不开。杨小婕实在想不通，为什么自己的妈妈要去帮别人？就算他们不怕她丢面子，难道他们就不怕在同事面前难为情吗？回想到自己辛辛苦苦练习的那些日子，杨小婕越想越生气。

“为了这个主角，我的脚都磨破了。不知道牺牲了多少休息时间，可现在……”杨小婕愤怒了，拿起床上的布娃娃朝着门口使劲地扔了过去，布娃娃正好砸到开门进来的妈妈脸上。

妈妈没生气，只是心平气和地对她说：“陪妈妈出去散下步吧。”

尽管小婕有些不愿意，可妈妈一直是她心中崇拜的对象，她知道妈妈的做法一定有她的道理，于是便一声不吭地跟着妈妈下了楼，沿着府北河边走着。

尽管已是初春，可透着料峭春寒的府北河边，行人稀少。大概是因为寒冷，河里的水似乎也凝滞不动，空气中弥漫着一种空旷和落寞的味道。

小婕以为妈妈会安慰她几句，可是妈妈只顾悠闲地往前走着，偶尔还满是闲情逸致地俯下身摸摸地上那刚长出来的嫩草。小婕不知道妈妈葫芦里卖的是什么药，一路上都在琢磨，对路边的小草毫无兴致。

“妈妈，能不能歇一下？”小婕的脚都走软了还不见妈妈有停下的意思。

“好啊！”妈妈微笑着答应了，顺便就蹲在了路边。旁边就是木椅子，妈妈却没坐。

“你看这些小草快乐吗？”

小婕瞟了瞟路边的小草，它们正高兴地迎着春风舒展着自己的身子，快乐地摇曳着自己的脑袋。

“我怎么知道？我又不是小草！”小婕不怀好气地说。

“这些小草，她们绝不会因为季节的改变而颓废，也不会因为欣赏她的人的多少而改变，更不会因为旁边的大树而放弃歌唱的权利。能成为大树的人毕竟是少数，更多的人都如同这些小草一样平凡。正因为它们没有太多的要求和过高的欲望，所以小草是平凡的，却是快乐的。”妈妈好像在自言自语。

小婕疑惑地望着妈妈。

“你看我们走过的路，”妈妈指了指远方，“那些没有路灯的地方是黑暗的，而我们现在有路灯照着，所以一片光明。这就好像是我们的人生之路，它不总是黑暗，也不总是光明。走过了黑暗，迎接我们的不就是光明吗?”

“人生的道路，不总是一帆风顺，难免有些磕磕绊绊。只要抱着小草的心态，去面对所有的困难，我们便不会失去快乐！所以，我们为什么不尝试着做一棵小草呢?”

小婕似有所悟。

“妈妈，我把主角的舞蹈再跳给你看看吧!”

“好啊!”妈妈快乐地应道。

初春的府北河边，一个小女孩在快乐地舞蹈着，宽阔的草坪是她的舞台，朦胧的路灯是她的灯光，妈妈嘴里哼出的调子是她的音乐，路边摇曳的小草是她的观众……

三十五

“雪，一片一片一片一片……”韩梦柯悲伤地哼着刚学会不久的歌曲，两只手交叉着缩在袖筒里，缩着脖子漫无目的地在大街上走着，书包长长地拖在屁股后。本来瘦小的韩梦柯更是显得营养不良。当然，平原市是很少下雪的。此刻，也没有雪花来配合韩梦柯的心情。看不见的雪，落在了韩梦柯的心里，化成了一摊冰凉冰凉的水。韩梦柯知道，那是泪。

灯光，在这个城市，一瞬间像花朵般次第绽放开来。韩梦柯痴痴地望着各种窗户里透出的橘黄色灯光，他第一次发觉它们竟然是那么的温馨和让人向往。

韩梦柯不由自主地朝着家的方向迈动着脚步。

“哧……”一辆汽车紧急刹停在韩梦柯的跟前，声音尖锐而又刺耳。韩梦柯吓得僵在原地半天没回过神来。

一张被气得煞白的脸朝着韩梦柯气急败坏地吼：“找死

啊？谁家的野孩子也不知道管教管教！红灯也敢闯！”

韩梦柯的鼻涕眼泪一下子全出来了：“我是野孩子，咋了，你管得着吗？”他一不做二不休，干脆一屁股坐在了黑色轿车面前。

一瞬间，好事的人全围了上来。

“一个大人欺侮一个小孩，算什么？”

“撞到了人不赶快送医院，还发什么火？”

“喂，是平原全接触报料中心吗？这里发生了……”

“喂，120 吗，这里有人被撞伤了，地址是……”

“喂，110 吗，这里出车祸了！”

一时间人声鼎沸，跟后面被堵住的车子不停摁喇叭发出的声音混合在一起，韩梦柯有一种说不出的快感。

“警察来了！”人群里响起激动的声音。

韩梦柯也隐约听见了救护车的声音，他觉得表演是该收场的时候了，就一骨碌地从地上爬起来，抖了抖身上的灰尘，面带不易察觉的微笑，一溜烟地不见了踪影，留下了一双双惊诧的目光。

韩梦柯一直觉得自己个性里面继承了妈妈太多的东西：

张扬而又叛逆。其实韩梦柯的妈妈也是个平凡得不能再平凡的女人，她一直安于家庭妇女的现状。

相夫教子，赡养老人，对韩梦柯的妈妈而言，那便是她的全部。她的幸福、她的一生都浓缩在了那四百多平方米的别墅里。

然而韩梦柯妈妈终免不了痛苦。她的痛苦缘于去年的那个冬天。那天她在帮喝醉了酒的丈夫宽衣时发现了衬衣上面的口红印，这像极了电视剧里的镜头，很俗套，但它却真实地印在衬衣上。韩梦柯的妈妈有些疑惑，但并没多想。就在她准备去熬姜汤为丈夫解酒时，丈夫的手机响了，那是一条手机短信。

也许是上天注定要给这个家庭“劫难”，平时一直将手机上锁的丈夫那天竟忘了。就是那一条短信将一个家庭的全部幸福给彻底破坏了。

“亲爱的，你准备什么时候和你那黄脸婆离婚？我可没有耐心了！”

她呆立在那里，泪水像小河般肆意流淌。那个夜晚，她一直坐在窗边，看着黑夜如何一步步走向黎明。而她的心，正经历着与时序相反的历程。

人说上了三十的女人，优势正在一步步褪去，更何况四十岁的女人呢？她照了照镜子：松弛的皮肤、额头上抚也抚不平的抬头皱、眼角的鱼尾纹还有连粉底也遮不住的雀斑。一股寒意，从头凉到脚。但她又不甘心：我为这个家付出了那么多的心血，难道就这样拱手让人？她决定打响“家庭保卫战”。她知道，一哭二闹三上吊的手段是起不了任何作用的，如果说有作用的话，那也就是加快丈夫离开她的速度。

于是，韩梦柯的妈妈一改往日的大嗓门，极尽温柔地说话，变着花样做韩梦柯爸爸喜欢吃的菜……可是韩梦柯的爸爸对妻子所做的一切充耳不闻、视而不见，既不说好也不说坏。

韩梦柯的妈妈有些绝望了，她甚至怀念以前和韩梦柯爸爸吵架的日子，那时的他至少还是个充满活力的人呵。

韩梦柯的妈妈开始去染发，一个四十岁的女人，染了个炫目的鸡冠红，走在大街上路人无不侧目，可是韩梦柯的爸爸就像失明了一般看不见。韩梦柯的妈妈在家借故扔盘子砸碗，韩梦柯爸爸只是把音响的声音调高几个分贝；韩梦柯的妈妈开着自家的车，故意去闯红灯，与交警大吵被送进派出所，可韩梦柯爸爸仍是一声不吭地将她从派出所里领出来……

韩梦柯的妈妈彻底绝望了：如果一个人的心已经不在你身上了，那么你的幸福和痛苦，对于他而言，只不过是聋子的耳朵——无关紧要。想到了这一点，韩梦柯的妈妈便彻底“堕落”了，她奋战在麻将桌上经常通宵不归，而韩梦柯的爸爸也很少回家了。家，就这样名存实亡了。

韩梦柯的幸福生活戛然而止，就像一列奔跑着的幸福列车说停就停了，而坐在车上的人仍意犹未尽。

天真的韩梦柯以为，妈妈和爸爸只是吵吵就算了，就像他小时候和别人玩的“过家家”一样，一切都只是一场游戏。

韩梦柯在长时间的沉默与观望中并没有等到他所期待的结果，他绝望地看到，自己的耐心和希望正被烦躁和叛逆一点点蚕食。

韩梦柯的父母终于还是离婚了。他们在平静中分道扬镳，留下了极度痛苦的韩梦柯。韩梦柯感到无边的失落像个深不见底的黑洞正在吞噬着自己。

不知为什么，在伤心的时候，往事就会像电影般清晰地浮现在眼前，韩梦柯有一种想哭又想笑的冲动：人，是不是越是在空虚无聊的时候，越发会做出些不可思议的事情，以此来证明自己的存在和重要，就像自己现在不愿回家？

昏暗的天空，此时在韩梦柯的眼中，就像是一扇窗户，一盏灯火，灯火背后的一次等待。然而在这样的时候又有谁会等待他呢？

韩梦柯有点想家了，可是在这样的凌晨，还有谁会想起他来呢？爸爸？妈妈？不！他们不会记得自己曾经还有一个乖巧的儿子！想到这里，韩梦柯的眼泪流了出来。他机械地挪动着步子，一步两步三步……他觉得此时自己的每一步都像带刺的刀划过自己的心尖。

穿过这座花园，前面有铁门把守的地方就是韩梦柯的家。那里曾经有过他的幸福与欢乐，也留下了他的痛苦和悲伤。韩梦柯的眼泪再次如潮水般汹涌而来。

他转过身，不想再回到那个空旷而落寞的家里。其实，就算是回了家，面对着的也只能是失望。而流浪在外，也许还有一种潜在的希望。

“韩梦柯……韩梦柯……”

韩梦柯突然听见了一群人的声音，他定住脚步循声望去，铁门旁站着唐老师、钟恒宇、魏翔鹏、梁逸轩……

韩梦柯还没完全分辨出来，一团“鸡冠红”飞也似的向他扑了过来……

“老师，对不起！”韩梦柯低着头战战兢兢地说。

“没关系，不过下次可不能再这样让我们担心了啊！”唐老师摸着韩梦柯的头说。

“我……我不是说这件事。”韩梦柯似乎有点着急。

“不是这件事？”唐老师有些疑惑地看着韩梦柯，“有什么事，说出来吧，不要憋在心里。”

韩梦柯仍然低着头。

“不管什么事，只要认识到错误，老师都会原谅你的。”唐老师用鼓励的眼神看着韩梦柯。

“那我说了哦。”韩梦柯深深地吸了一口气，好似下定了决心，然后和盘托出了他如何“偷”数学老师的钱，然后又如何每天买水果“行贿”数学老师的事。

“你呀!”唐老师拍了拍韩梦柯的小脸，“其实我和数学老师早就知道了。你的‘取之于民，用之于民’已经告诉我了。”

看着呆立着的韩梦柯，唐老师笑了:“好了，我们早就原谅你了，但以后你可要把这些聪明劲儿都用在学习上噢。知错就好，快回家去歇着吧，明天还要上课，不要迟到了哦!”

“Yes，sir!”韩梦柯“啪”地双脚并拢向老师行了个礼，“我保证不会迟到!”

“还 sir 呢？连老师的性别都没搞清楚。”大家笑成了一团。

笑声，让他们觉得这个世界是那么的美好!

三十六

“老师，我抗议！”正在布置作业的数学老师被龙爱国的吼声吓了一跳。大家也瞪大眼睛准备看龙爱国的笑话，“敢这样跟老师说话，不挨骂才怪。”

“什么事？”老师的表情很难看。

“你布置这么多的作业，我都没有时间玩。”

“啊？”大家的嘴巴都变成了O型。

“你现在是学生，学生应以学习为主，你又不是幼儿园小朋友！”老师的声音提高了八度。

“可是，如果我一直都在做作业，连玩的时间都没有，我就不会快乐。”龙爱国努力申辩着。

“这里是中国，不是加拿大，你不会这么久连时差都没倒过来吧？要想找快乐，就回去。”老师对龙爱国表现出的“异类”行为很是恼火，“记着，这里是中国，中国的学生必须努力学习。”

“龙爱国，你是我们的英雄！”下课后同学们立即将龙爱国围住，有同学很是崇拜地对闷闷不乐的龙爱国说。

虽然这是真心话，可又有谁敢效仿他去对老师说“不”呢？

……

尽管如此，可每隔一段时间龙爱国依旧会不小心地制造出不同的新闻冲击着大家的耳膜和视线。

龙爱国的到来，给大家枯燥的学习增添了一份乐趣。正如同一直看惯了的平原市阴沉的天空，有一天突然飘起了漫天的雪花，大家便会不自觉地忘记曾经的那份沉闷和阴冷。

第四章

花开无声

三十七

身体上的创伤，随着时间的推移，终会结痂脱疤长出与原来相差无几的肌肉，而心灵上的伤，却像挥之不去的影子，即使是在灿烂的阳光下，你也无法逃避它。我们之所以看不到影子，是因为它已深潜在内心并与灵魂归依在一起。

大家都不知道在晏菲儿身上到底发生了什么。这个今年才从别校转过来的女生，沉默而又内向。

晏菲儿转学过来时正值春暖花开，同学们在花间跳啊唱的，只有她独自蜷缩在一棵还未曾完全发出新芽的树下发呆，眼神迷离而又散乱地望着远方的天空。天空有暖暖的阳光，却似乎照射不进她的内心。

晏菲儿的功课很不错，考出的分数常让张乐怡和杨小婕自惭形秽。同样是女孩子，为什么差别就那么大呢？张乐怡和杨小婕通过观察和思考总结出，晏菲儿几乎不和任何同学交往，她把所有的精力都放在了学习上，而她们总是被跳绳、聊天等众多的活动分了神。

但奇怪的是，晏菲儿在课堂上从不举手回答问题。有一次数学老师在课堂上点名让她回答问题，她却选择了默不作声。其实那道题很简单，对张乐怡和杨小婕来说都觉得那是轻而易举的事，可晏菲儿却一直那么站着就是不吭声。事后大家得知其实她早已将答案写在了草稿纸上。

“真是个奇怪的人!”

晏菲儿刚转过来的时候，大家还尝试着和她交往，可她总是一种拒人千里的眼神，让大家望而却步。

张乐怡和杨小婕都是没有耐心的人，或者说她俩都是经不起失败折腾的人，几来几往，最终连林林、朱雅娟和钟恒宇等人也都败下阵来。之后，大家似乎便将晏菲儿遗忘了。

大家快乐着自己的快乐，晏菲儿也孤独着她的孤独。在大家的热闹中，晏菲儿似乎更加形单影只了。

“唉，还是晏菲儿好，家长都不用关心她的考试成绩。”

魏翔鹏满脸的羡慕。

这次的考试成绩下来以后，魏翔鹏被他老爸骂得狗血淋头。他爸爸拿着试卷直戳魏翔鹏的脑袋。“那么多补品怎么就没让你长一点智慧呢？这点分数还赶不上我给你买的一瓶补品的钱！”

“奶奶说你小时候的成绩也不怎么样嘛！从遗传学的角度来说这能怪我吗？”魏翔鹏心里这样想着，可终究还是没敢说出来。再说了，他还有些害怕老爸因此而追究他上网的事情。

“下次再这样……”突然他爸爸的电话响了。

“谁呀？”魏翔鹏的爸爸没好气地吼道，脸上聚集的“暴雨”随时都有可能落下。

“哦，高董事长，不好意思，我在我儿子的学校。好，我马上过来。好，好……”刚才还阴云密布的脸上马上布满了阳光，笑得那么的灿烂。魏翔鹏的爸爸瞥了一眼在旁边低垂着头的魏翔鹏，甩下一句“回家再跟你算账！”后转身走了。留下魏翔鹏还站在原地使劲地揣摩他老爸最后一句话的可信度和可实施度。

“对啊，怎么就没看见过晏菲儿的家长呢?”

魏翔鹏的话似乎点醒了大家。

“你以为别人都像你这头笨驴，打着才能走?”钟恒宇这段时间看魏翔鹏有点不顺眼，专拣魏翔鹏的痛处戳，“别人成绩好，家长根本就不用操心，这还用说!”

“你也好不到哪儿去!”魏翔鹏嘟哝了一句。

三十八

俗话说“福无双至，祸不单行”。

尽管朱雅娟的妈妈非常珍惜那份艰苦的体力活，但命运还是跟她开了个心酸的玩笑。

那天，或许是因为朱雅娟妈妈太过疲劳，又或许是因为去年生病留下的后遗症，总之，不知道是什么原因，她在挑一摞砖上搭建中的三楼时，头一晕脚一软便直直地从楼上跌了下来。跌下来去的时候她一下子清醒了，竟不顾钻心的疼痛，想努力爬起来重新将砖挑上去，可左脚却软绵绵的，有血，殷红殷红的，从她的腿上汩汩流出……

朱雅娟妈妈的腿变瘸了，自然也不能再去建筑工地上工作。对一个没有文化又瘸腿的女人而言，再想找工作似乎已是个遥不可及的梦了。

这对于原本就贫困的家庭来说，无疑是雪上加霜。

“你现在每天有鸡蛋吃了！”当社区干部激动地对朱雅娟和她妈妈说这个话的时候，他以为自己会从朱雅娟的眼睛里看到感激。结果朱雅娟装作没听到，将头深深埋在书本里了。

雅娟妈妈紧紧抓住社区干部的手，眼泪已噙在了眼里。“谢谢政府关心……这下我们小娟的营养有保证了。”

按照市政府的要求，《平原商报》发出了“保证贫困孩子每天一个鸡蛋”的倡议，响应者众多。

社区顺势展开了轰轰烈烈的扶贫募捐活动，朱雅娟自然成了受捐者之一。

“我们社区准备搞一个捐赠仪式，到时会有电视台和报社记者参加，你们要比平时穿得更朴素一点。在镜头前如何讲，我们会拟个稿子，到时你要背熟。”社区干部临出门时叮嘱着朱雅娟的妈妈。

“谢谢，谢谢!”雅娟妈妈低垂着头。

“如果你真要谢我们的话，这么着吧，你写封感谢信或送一幅锦旗到社区，这样也能证明我们为人民办了实事。”社区干部折转身子对朱雅娟妈妈说。

电视台和报社的记者登门拍下了朱雅娟母女的居住环境和晚餐情况。

为了达到震撼人心的效果，激发更多的人来关注贫困家庭，根据记者的吩咐和安排，雅娟家里唯一值钱的那台别人送的黑白电视机被藏起来了；本来那天是家里“打牙祭”——吃肉的日子，可挂在灶台前的那块肉也被电视台的工作人员取了下来；厨房里的日光灯被换成了阴暗的光源；雅娟妈妈穿着皱巴巴的衣服满脸沧桑地煮着白水萝卜。她本来想滴几滴油在锅里，可摇了摇装油的桶——空的。于是她舀了瓢锅里的水往桶里灌并上下左右地摇了摇，然后再倾倒在锅里，锅里终于有油花泛出，雅娟妈妈欣慰地笑了。

吃晚饭的时间到了，摆上桌的是一碗白水萝卜和一碟泡菜。根据记者的安排，雅娟妈妈从碗底像变戏法似的变出了一根排骨，其实那是一根并没有多少肉的排骨，妈妈将它夹给了雅娟。雅娟本能地从碗里寻找排骨也想要给妈妈，可搜寻了很久只是徒劳。雅娟将妈妈夹给她的排骨又回夹到了妈妈的碗里。

“妈妈，你吃吧！你身体不好！”这是朱雅娟的心里话。

“孩子，你正长身体，你吃吧。都怪妈没本事！”雅娟妈妈的眼泪忍不住掉了下来。

“好！”记者在一旁大声叫道。

朱雅娟这才想起刚才是在拍宣传片。突然间她的胃一阵翻涌。她把碗重重地往桌前一推，说：“我不吃了！”

当贫困被无限放大的时候，人们只会看到赤裸裸的“贫”字，而忘记了贫字后面站着的那个人。那个人不是一具木乃伊，而是有血有肉有自己思想的人，可她的思想和尊严却在无形中被剥夺了。

雅娟妈妈赶紧用眼色示意雅娟，可雅娟没理睬，自顾自地往卧室走去，“咚”的一声将门重重地反带上。

“记者同志，不好意思，孩子还小不懂事……”雅娟妈妈连忙赔着笑脸，一双手紧张地相互揉搓着。

朱雅娟和她妈妈谦让排骨的图片上了《平原商报》，也上了电视。

“雅娟，你成明星了，好了不起哦!”钟恒宇又在班上乱起哄。

朱雅娟坐在座位上没吭声。

钟恒宇和朱雅娟平日就是“死对头”，无论哪一方发话，另一方总是会挑刺。

“哟！当了明星，架子也大了，不理咱们了?”钟恒宇继续“阴阳怪气”着。

“哎哟!”钟恒宇突然怪叫起来，“你们踩我干吗?”他怒视着张乐怡和杨小婕。

“不好意思，我们以为踩到石头了。”张乐怡和杨小婕同时白了钟恒宇一眼，甩过头挽着朱雅娟的手出了教室，留下钟恒宇在那儿捧着脚嚎叫。

三十九

“轻轻的我走了，正如我轻轻的来，我挥一挥衣袖，不带走一片云彩。”梁逸轩靠着窗栏深情吟诵这首诗歌的时候，一束阳光透过窗棂正好照着他的脸庞。那双充满智慧的眼睛扑闪着，混合着太阳的光芒。

无意中与那双眼睛巧遇，张乐怡不由得有点眩晕了，心也不由自主地“咚咚”直跳。

难道这就是传说中的“爱情”？张乐怡有点迷惑又有点惊慌失措。

放学后，张乐怡垂着头心不在焉地踢着路上的小石子，无聊地数着从她身边经过的大头皮鞋、高帮尖头鞋、运动鞋……黑色的、褐色的、白色的……一双两双三双……

“你知道吗？梁逸轩参加奥林匹克数学竞赛获得了全国一等奖耶，我刚从老师那儿得到这个消息！”一个尖厉而又激动的声音在张乐怡耳边炸响，吓了她一大跳。

不用抬头张乐怡就知道说话的是林林，她就是这样，一激动连脚趾尖也会跟着舞蹈。不过张乐怡还是抬起了头，这是最起码的礼貌。妈妈常说，不管别人说什么，不管你爱不爱听，只要是冲着你说，你就应该抬起头正视别人的眼睛。况且这是她目前想听又怕听的人的消息。

张乐怡抬起头，看见了林林那张因激动而涨红了的黑脸。

“瞎激动啥，得奖的人又不是你！”张乐怡小声嘀咕了一句。

“你说什么？”林林大声问。

张乐怡不想被别人误会自己是没有集体荣誉感和嫉妒心肠的人，也不想让林林看出自己的那点小心事。

“他真棒！”张乐怡也大声回应说。

不过林林似乎并不在乎张乐怡说什么，她已经一蹦一跳地找前面的同学散布她的最新消息去了。

“人与人之间的差别为什么会这么大呢？同样是一个脑袋，为什么我的数学只能在及格线徘徊？为什么我总是为遣词造句而头疼，而梁逸轩却能轻松自如地写出那些神采飞扬的文字?”张乐怡有点懊恼又有点自卑地想。

此时张乐怡才绝望地发现她与梁逸轩之间横着一片大海，不管她承不承认，以她目前的水平，无论如何她也泅渡不到他的彼岸。

张乐怡的那点刚萌生出的情感小芽就这样被汹涌的浪涛无情地搁浅在了一望无际的沙滩上。她不由自主地耷拉下了脑袋。

一双带着“勾勾”的运动鞋从张乐怡面前闪过。她突然想起自己的那个还未曾泯灭的梦想和对爸爸的承诺，再想想无望的“爱情”，她的心不由得剧烈疼痛起来。

有人说“上天为你关闭了一道门，必将为你打开一扇窗”。这话说得多好啊，可是生活从不会将一个人的路堵死，特别是像张乐怡这样急于改变学习方面“贫瘠”状况的好小孩。张乐怡想：一定是前天晚上的通宵失眠感动了上苍，要不，怎么会这么巧呢?

唐老师在班上宣布成立“学习互助小组”，张乐怡和杨小婕都属于“扶贫”对象，刚好都分在了梁逸轩任组长的互助小组里。听到这个消息的时候，张乐怡的心又不由自主地狂跳起来——莫非那点小心思又开始萌芽了？

“你们两个好幸福，有梁逸轩帮你们！”以林林为首的一帮小女生嫉妒得红了眼。尽管张乐怡高兴得心都快跳出来了，但表面上还是出奇的冷静。杨小婕则不置可否地“哼”了一声。

“梁逸轩，你可是掉到花丛里了。”那边也有同学开着梁逸轩的玩笑。

“一只小蜜蜂呵，飞到花丛中呵……”钟恒宇不怀好意地改编了《两只小蜜蜂》的歌词，并故意将调子跑调十万八千里，引得周围同学一阵大笑。

其实所谓的学习互助，就是在学习方面如果有任何不懂的问题都可以请教组长，而组长也有义务进行解答。

其他互助小组的活动开展得轰轰烈烈，而张乐怡他们组却是一潭死水。或许是问题太多不知从何问起；或许是张乐怡和杨小婕的水平实在太低，连问题都找不出；再或许是梁逸轩高不可攀的神情让她俩望而却步；又或许是两个美女所固有的矜持……总之，张乐怡所在小组的互助活动形同虚设。

四十

“花自飘零水自流，一种相思，两处闲愁。此情无计可消除，才下眉头，却上心头。”这是张乐怡从杨小婕的一本课外书上看到的，她觉得写得实在太好了。

夜已经很深了，张乐怡躺在床上辗转反侧。

她不甘心地想着那双扑闪着智慧的眼睛。

“我不应该只做个观海者，我要做个水手!”她暗下决心一定要泅渡过横在她和梁逸轩之间的那片海。

第二天，张乐怡鼓足勇气，主动走到梁逸轩座位旁。

“这道题我不会，教教我好吗?”

梁逸轩看着张乐怡，睁大了眼，半天没有回过神来。

“快看，太阳怎么从西边出来了?”韩梦柯不怀好意地起哄。

“在哪儿，我怎么没看见?”不明事理的魏翔鹏习惯性的推了推根本就不存在的眼镜，迷惑地望了望外面又望了望韩梦柯。

周围的同学一阵哄笑。张乐怡涨红了脸，甚至有点后悔自己的举动。

“这么简单都不会啊？”梁逸轩拿起书低下头瞟了一眼，声音急促又响亮。

张乐怡的脸由红变白，又由白变红。她一把从梁逸轩手里扯下书，飞也似的奔回座位上。尽管她不想哭，可眼泪还是像断了线的珠子不住地往下掉。

张乐怡不但没有渡过那片海，反而被自己的泪水淹没在海里。她趴在桌上哭出了声。

开始还哄闹的教室一下子变得安静起来。

朱雅娟在一旁无声地帮张乐怡递着纸巾。

杨小婕用手轻轻拍着张乐怡的肩膀。

韩梦柯见状，赶紧走过来不停地自责：“对不起，张乐怡。我不该乱起哄！真的对不起！”

“梁逸轩，你怎么能这样？”李俊杰义愤填膺地说，“老师让你帮助同学，有你这样帮助的吗？”

“张乐怡，你就不要哭了嘛，梁逸轩也不是故意的。不过梁逸轩你也真是的，成绩好就了不起了吗？”林林也围在旁边不停劝慰张乐怡并顺便责备着梁逸轩。

张乐怡突然有点过意不去了：“也许那道题真的是再简单不过了，梁逸轩只不过是说出了事实。我有什么理由哭呢？难道那点可怜的自尊比事实的真相还要重要？”

张乐怡擦了擦眼泪，抬起头。

看到张乐怡抬起头，梁逸轩一下子如释重负。他三步并作两步地窜到张乐怡跟前，语无伦次地说：“我……我郑重地向张乐怡道歉……我不是……不是故意的。真的……我的态度不好，请原谅……还有我保证，把我们的互助小组带好……”

“好！”林林带头鼓起了掌。

尽管这一件事在梁逸轩的道歉中结束了，但张乐怡对梁逸轩的情感还是发生了变化，看来，所谓的“爱情”是禁不起任何一点小折腾的。

四十一

“你说你们是怎么管理的?”区教育局局长看了报道，把校长找了去，将报纸往他面前一摊，“你看看，学生穷成这个样子，你们怎么管理的？为什么是报纸和社区抢了先?他们这一抢先，外界就只能指责我们教育管理的不力。”局长大为光火。

“是，我们管理有疏忽的地方。我们马上采取措施补救。”

“怎么个补救法？说来听听!”

“我们打算免去朱雅娟的借读费，免费提供午餐。”

“就这些?”

校长没敢吭声。

“我说老李哦，你也搞了那么多年的管理工作了，凡事要多动脑筋。”局长语重心长地对校长说。

“我们的学生这么贫困，你们怎么没反映上来?”校长痛心疾首，“你们有没有去家访过?”班主任唐老师和德育主任都低着头没敢吭声。

“你们说，采取什么样的措施来弥补?”校长把问题抛给了唐老师和德育主任。

“要不，我们免除朱雅娟的借读费吧?”唐老师嗫嚅着说。

“还可以把午餐的费用给免了。”德育主任在旁补充道。

“你们有没有一点创新?”校长敲着桌沿，一副恨铁不成钢的表情。

“我看这样吧。”教导处崔主任在一旁不疾不徐地说，“我们也搞个捐赠仪式，把范围扩大，到时也请电视台和报社的记者来。”

不愧是搞行政工作的！校长满意地点了点头。

“就按崔主任的意思去办。由崔主任负责规划整个事情并负责联系电视台和报社记者，各班班主任负责统计贫困学生名单，将名单报上来先进行公示，由大家投票，选出前10名进行捐赠。不管投票结果如何，都要安排朱雅娟接受捐赠。唐老师先写好发言稿交给朱雅娟，还要监督她背熟。”校长吩咐道。

四十二

“瞧！那不是报纸和电视上宣传过的朱雅娟吗?”有人叫道。

众人的目光“唰”地一下聚集在了正准备踏进校门的朱雅娟身上。

“哎呀，看着可比照片上还可怜哦。”

受捐助同学的照片已经挂在了光明小学的校园大门口。朱雅娟的大幅照片悬挂在最显眼的位置。众多学生和家长将宣传版面围了个水泄不通。

“孩子，你是不是好久没吃过肉和蛋了?”一位和蔼可亲满头银丝的老奶奶一手拉着朱雅娟的手，一手抹着眼泪。

“你妈妈还能走路吗?”

“你看看别人家孩子怎么过的？你一周的零花钱都可以

够人家生活一个多月了！”有家长在痛心疾首地批评着自家的孩子。

……

朱雅娟的嘴张了又合，合了又张，就是没吐出一个字。突然，她猛力挣脱老奶奶的手，头也不回地往学校的小花园跑去。

“唉，现在的小孩子怎么一点都不懂事？别人好心好意地帮助她，至少也应表示感谢才对嘛！”有人摇了摇头……

“小娟！”张乐怡从人群中挤了出来，在花园中种满睡莲的池塘边找到了蹲着的朱雅娟，她深深地把头埋在膝盖里。

有风从身旁吹过，花台中的月季花随风飘落。朱雅娟随手拾起一片花瓣，放在手心看了看，然后将它一分为二，再分为二，直到手心里满是揉碎的残片。泪，不知何时已经浸湿了她的双眼。

张乐怡轻轻拍着朱雅娟瘦弱的双肩，不知道该如何去安慰她。

对于旁人受过的苦难，我们无从感知，因为你终究不是事件中人。无论你叹息也罢，安慰也罢，你所做的一切，最多像在空气里挥舞的双手，你抓住什么了吗？没有，连一丝空气都不曾在你指间停留。

四十三

体育课上，同学们正在体育老师的带领下进行长跑训练。

“一定是哪个仇视胖子的人设计出这整人的运动，太缺德了。”一直对长跑心存不满的肖舒伟由于自身“吨位”太重，除了跑步成绩经常垫底被同学嘲笑外，每次训练完毕，他都会有一种身体已不属于自己的感觉，他会像一堆烂泥一般瘫在操场草坪上，任头顶的天空一片“星光灿烂”。

肖舒伟边跑边愤愤地想：“如果这个运动改成摔跤，看我不把其他人压成肉饼！不，我还要跳起来重重地压几下，要压成肉泥！”每每想到那个假想敌——长跑运动的设计者被自己压在身下痛苦求饶的模样，肖舒伟的心里又不由得乐开了花。

与此同时，肖舒伟那眯成了一条缝的眼睛不经意地瞧见操场旁的花坛边上坐着的一个人，他的好心情转瞬就消失得无影无踪。

那人不是别人，正是他的“仇敌”杨小婕。

杨小婕正微笑着望着跑步的同学，那笑容对肖舒伟而言，简直就是嘲笑，那笑容就像针尖般地刺着他，那眼神也仿佛在对他说：“胖大海，累死你，跑死你。”

一想到“胖大海”这个声名远扬的“绰号”，肖舒伟心头的怒火不由得“蹭、蹭、蹭”直往外冒，身上的“肥膘”也阻挡不了那股怒火，肥肉被烤得“滋滋”作响，他甚至闻到了一股焦肉味。

因为肖舒伟长得又白又胖，头发又密又蓬松且打着卷，远看就像一朵泡在水杯中发了酵的胖大海，杨小婕便恶作剧般给他起了个绰号叫“胖大海”。刚开始，这个绰号也只是在班级的女生中悄悄地叫着，可很快地，它便如微风吹过的蒲公英花瓣，四下飞散开来，整个班级都知道了坐在教室后排少言寡语的“胖大海”。以至于后来大家几乎忘记了肖舒伟的尊姓大名，都“胖大海、胖大海”的叫得熟练而热络。本来一直想低调做人的肖舒伟就这样被硬生生地放在了“聚光灯”下，肖舒伟心头对杨小婕的不满自是不言而喻。

让“胖大海”的名声达到顶峰的是一次意外的事件。那天上科学课，科学老师指着肖舒伟，却脱口而出：“胖大海，你认为呢?”自此，“胖大海”的名声又越过本班教室的那堵墙壁在整个年级蔓延开来。肖舒伟深知“翻身”绝对没有了指望，于是对杨小婕的“仇恨”不由得又增加了几分。

“老师，有人偷懒没跑步!”肖舒伟喘着粗气满脸通红地跑到体育老师面前告状。

“谁?”体育老师是工作多年的老教师。

“杨小婕!”肖舒伟幸灾乐祸地说，同时伸手指了指杨小婕。

他满以为体育老师会把小婕叫过来狠狠地教育一番，谁知，体育老师竟提高嗓门对他说，“哦，杨小婕身体不舒服，不适宜参加剧烈运动！”

“什么不舒服？今天早上我还看见她吃了一块面包和一个肉包子，上体育课前她还吃了一包嘎嘣脆。”肖舒伟对“敌情”熟悉得像在描述发生在自己身上的事一样。

“少管闲事，跑你的步。”体育老师扬起他的长腿作势在肖舒伟的屁股后晃了晃，肖舒伟吓得赶紧溜了。

“说嘛，你又用啥诡计让老师相信你的假话，逃脱跑步？”心有不甘的肖舒伟在体育课后硬是将杨小婕堵在了操场上。

“人家身体不舒服嘛。”看热闹的男生们在一旁起哄，学着杨小婕的腔调阴阳怪气地说。杨小婕满脸通红半天说不出话。

“你们在干什么？”唐老师恰巧路过。

一听到班主任的声音，“胖大海”等人马上作鸟兽散。

唐老师低头和小婕说了些什么，然后微笑着抬起头和杨小婕一起走进了教室。

“这节语文课临时改成班队活动，主题就叫成长。”唐老师宣布道，并转身在黑板上写下了大大的两个字——成长。

“成长是每个男生和每个女生都要经历的过程。成长包括很多，比如身体的成长，心灵的成长。今天我们就单纯地来聊聊身体的成长变化。”唐老师顿了顿，“或许你正在经历，或许你已从同学身上观察到，或许你从电视和书本上已有所了解。今天咱们就畅所欲言说说你所看到的、所听到的和所经历的成长。”

教室里一片寂静。

“大家可以告诉我，男孩和女孩在成长过程中身体有什么变化吗?”唐老师问。

大家面面相觑，不知道老师的葫芦里卖的是什么药。对于这个话题，大家只是在私下而且也仅限于几个死党之间聊过，属于绝对私密的范畴。

“高志原，你来讲下呢。”见大家都沉默不语，唐老师开始点名了。

一向“见惯世面”的高志原竟也忸怩起来，唐老师微笑着鼓励他，“大胆说下看呢!”

“要长胡子。”高志原小声嘀咕。

“对，男孩与男人的区别之一就是男人有胡子!”唐老师在黑板上写下“胡子”二字。

“还有其他的吗?”唐老师微笑着用眼睛巡视了一遍教室，依然没有人举手发言。

“看来我又只有点兵点将了喽! 不然我一个人唱独角戏，不就成‘孤家寡人’了吗? 况且我一女流之辈也成不了‘寡人’，性别不符啊。”唐老师自嘲着。

教室里一阵哄笑，气氛轻松了不少。

“杨小婕你来说说!”

杨小婕迟疑地站起来，羞红了脸，用只有自己听得见的声音说：“月经。”

唐老师似乎听见了，用柔和的声音鼓励杨小婕道：“宝贝，大点声，这是我们成长要经历的，没有什么不好意思的!”

教室里一下子变得安静无比，就连先前的屁股摩擦椅子的声音也都消失得无影无踪。

“月经!”小婕的声音虽然还是不大，可也许是因为教室太过安静，也许是因为这个词只是在同学中小范围地议论过，现在居然光明正大地在教室里被提起，于是整个教室一下子就炸开了锅。

“大姨妈!”张兆勇在角落里突然大声说，立即又引起一阵哄笑。

“对呀!”唐老师接过张兆勇的话说，“也有人把月经叫作‘大姨妈’。每个女孩的成长都必须经历这个阶段，都要来月经，这是生理规律，所以，女孩来月经不是一件见不得人的事情，它代表着女孩在长大。正如同男孩在成长过程中要遗精一样。”唐老师平静地在黑板上写下“月经(大姨妈)、遗精”字样。

本来很神秘的一件事，被唐老师这样轻松地撩开了面纱，教室里的气氛一下子变得轻松热闹起来。

钟恒宇“检举”韩梦柯有时躲在厕所里看“见不得人”的书，韩梦柯红着脸辩解:“我上次遗了精，还以为自己尿了呢，有点害怕也有些害羞，也不知道该跟谁说，所以就偷偷看书了解了一下。”

“为啥我们班有的女生来了月经，有的却没有?”

“月经流那么多血，会不会死人?”

……

一下子，大家好像都找到了发泄的出口，将平时积累的疑问统统抛了出来。

唐老师微笑着一一作了解答。

最后唐老师抛出了一个问题：“女生来了月经应该注意什么?结合你的所见所闻，这个问题由男生来回答。”

“不能摸冷水，我妈那段时间都是用热水。”

“要爱惜女生，不能惹她生气。”

“要注意休息，不能参加剧烈运动。”

“注意休息，不能参加剧烈运动。”唐老师在黑板上写下了这行字。

“肖舒伟，你明白杨小婕今天没参加长跑的原因了吗?”

肖舒伟点点头，站起来很不好意思地对杨小婕说：“对不起，我误解你了。”

“我以后也不再叫你‘胖大海’了。”杨小婕也赶紧对着肖舒伟说道。

教室里传出一片善意的笑声。

四十四

给予别人的恩惠，并不一定能得到别人的感激，当然也并不可能都会得到等量的回报，这要看你给予的方式。如果你的给予伴随着高傲、轻慢或施舍，接受者会认为这种给予是对自己的一种侮辱；如果你的给予是期望他的回报，他会把你当成一个商人，认为你的给予是建立在你对他价值估算基础上的投资；只有那种无私的毫无代价的给予，才能换得别人对你的真心回报和社会对你的尊重。因此，“施恩者，内不见己，外不见人，则斗粟可当万钟之惠；利物者，计己之施，责人之报，虽百镒难成一文之功”。

光明小学举行捐赠大会那天，市里和区里的各大电台、电视台和报社的记者来了一大堆。在挂有“关注贫困儿童——爱心捐赠”的红色横幅下的主席台上，一列人马纷纷入座。前排左侧坐着从百忙中抽空出席捐赠大会的海城区主管教育的区长、教育局长和光明小学的校长，前排右侧是奉献爱心的企业家和个人，胸前都挂着一朵大红花，后排坐着的则是受捐赠的同学和他们的家长。

一首《爱的奉献》拉开了此次活动的序幕。首先是区长、教育局长和校长发表了一通演讲，感谢社会上好心人的热情参与，并对到会的记者、企业家和个人表示了衷心的感谢和欢迎。

接下来是学生家长代表的发言。朱雅娟的妈妈理所当然的成了此次活动的代表。她一瘸一拐地走到话筒前，声音哽咽："感谢党、感谢政府、感谢学校，没有你们，就没有我们的今天。可以说党和政府是我们一家的再生父母。"她停了下来，抹了抹眼角的泪水。

"自从我的腿受伤以后，我们家小娟就再也没吃过鸡蛋了。我们的一日三餐吃的基本上都是煮萝卜，油也不敢多放，因为……"雅娟妈妈开始痛陈贫困史，泪水一滴一滴地掉在稿纸上。

她刚念完稿纸，便有好心的企业家站了出来。

"我们愿意每天为朱雅娟免费提供一个鸡蛋！"

“我们为朱雅娟每月提供一桶油!”

“我们每月为她们提供一袋米!”

……

企业家们的爱心在镜头下发着耀眼的光芒。

“经过我们区政府、区教育局和学校的研究，我们决定每天早上为贫困学生提供一盒牛奶及免费午餐，同时免除贫困生的借读费!”区长用他那高亢激昂的声音宣读了研究决定，台下掌声如雷。

轮到学生代表发言时，朱雅娟拿着稿纸，半天没出声。

“你快念啊!”台下的崔主任着急地用手比画着。

朱雅娟的脸涨得通红，但仍没吭声。台下台上一片寂静。

“朱雅娟有些害羞，请大家给她点掌声好吗?”主持捐赠会的老师赶紧走过来打圆场。会场里很适宜地响起了掌声。

“谢谢大家!”朱雅娟终于吐了这一句。

神经一直紧绷着的局长脸上立即变得柔和起来。他调整了一下坐姿，一方面是为了舒适，另一方面是为了更好地面对镜头。

“我想说……我……我……我不喜欢吃鸡蛋！……也不喜欢喝牛奶！……以前不，以后也绝不！”朱雅娟把稿纸揉成一团紧紧地握在手里。

在场的所有人全愣住了。校长差点一屁股坐在地上。

雅娟妈妈紧张地从座位上站起来一瘸一拐地挪到朱雅娟的面前，捂着她的嘴不让她说，同时不停地向着台上和台下鞠躬。

“对不起，对不起，小孩子不懂事，不会说话！”

“不，妈妈！我长大了，我懂事了！”朱雅娟拉开妈妈的手。

“我有手有脚，我不希望过不劳而获的生活！”朱雅娟一字一顿地说，“我们要靠双手有尊严地活着，不是吗，妈妈？”

雅娟妈妈一下子捂着脸哭了起来。

“妈妈，不要哭！”雅娟为妈妈擦去眼角的泪水，拉着妈妈坚定地走下了台。

会场里一片寂静，有人在用衣袖擦拭着眼泪。

……

“我们愿意为朱雅娟的妈妈提供一份保洁工作！”

“让朱雅娟的妈妈到我们公司搞促销工作吧！”

……

企业家们醒悟过来之后又一次在镜头前打响了“人才”争夺战。

雅娟妈妈最终去了绿佳连锁企业，做了一名保洁员。

四十五

日子就像一条小河流，不紧不慢地流着。不知不觉中母亲节又要到了。

“每个生命的成长都离不开父母的关爱。尤其是母亲，她们怀胎十月才生下我们，从抚养到教育，这个过程中她们不知道要付出多少时间和精力。我希望每个同学都要学会感恩。过几天就是母亲节，我希望你们回去好好准备准备，看看你能在小学阶段的最后一个母亲节里，用什么作为感恩礼物送给你的母亲。哦，对了，母亲节那天我们将邀请我们班所有的母亲来学校和我们共度节日。”唐老师在教室里宣布了这个消息。

顿时教室里像炸开了的锅，大家七嘴八舌地议论着如何给自己妈妈惊喜。只有晏菲儿将头埋在书堆里，一声不吭。

母亲节那天，那些平日里总喜欢说小话的，爱在桌下搞小动作的同学也都坐得笔直。教室后面黑压压地坐了一群母亲，大家都想在自己的母亲面前把自己最好的一面表现出来。

上课铃声响过以后，唐老师抱着电脑走进了教室。

唐老师打开电脑将一个绘本故事投射在雪白的幕布上，然后读了起来：

“当你还很小的时候，他们花了很多时间教你用勺子、筷子吃东西；教你穿衣服、绑鞋带、系扣子；教你洗脸，教你梳头发，教你擦鼻涕，擦屁股；教你做人的道理。”

正在低声说话的高志原和张兆勇立刻被故事吸引住了，他们的眼睛也停留在了大屏幕上。

“你是否还记得你练习了很久才学会的第一首儿歌？你是否记得经常询问他们你是从哪里来的？”唐老师回头看了一眼叶智源，不知什么时候，他已经靠在了妈妈的身后。

“所以……所以，当有一天他们变老时，当他们想不起来或接不上话时，当他们重复一些老掉牙的故事时，请不要怪他们；当他们开始忘记系扣子，忘绑鞋带，当他们开始在吃饭时弄脏衣服，当他们梳头时，手开始不停地颤抖，请不要催促他们。”再次回头时，唐老师发现好些同学的眼睛已经变红了，有明亮的水晶在里面滚动。

“因为你在慢慢长大，而他们却在慢慢变老……只要你在他们眼前的时候，他们的心就会很温暖。”朱雅娟紧紧地靠着她的妈妈，眼泪如断线的珠子开始往下掉，嘴巴也嘟了起来，小手放在了她妈妈那受伤的腿上。

“如果一天，当他们站也站不稳，走也走不动的时候，请你紧紧握住他们的手，陪他们慢慢地走，就像……就像当年他们牵着你一样……”王浩芮瘪了瘪嘴，将头埋在妈妈的怀里，抽泣起来。

就像被流行性感冒飞速地传染了一般，教室里竟然有了小声的哭泣声。

是啊，时间的河流在缓缓地向前淌，这群孩子也在慢慢地成长。明明是内心最柔软的部分被触动，明明是想到了自己和爸爸妈妈的生活点滴，明明就是舍不得爸爸妈妈老去，可这群可爱的孩子们平日里却要隐藏着这份情感，掩饰着自己的爱……

开始送礼物了，他们送给母亲们的礼物五花八门，理由也五花八门。

林林送给妈妈的是一个拥抱，她这样说道："妈妈，我没钱给你买礼物，但是我们有爱，不是吗？只要有爱，我们就会快乐！"林林和妈妈紧紧相拥着，场面甚是感人。

钟恒宇送给妈妈的是一本菜谱书，妈妈在客人面前老是抱怨自己厨艺差，他觉得有必要帮助妈妈摆脱困境，重塑信心。

韩梦柯送给妈妈的是一双护膝，韩梦柯的妈妈有腿脚风湿。本来挺让人感动的画面，却被韩梦柯后面的一句话给彻底破坏了。

“我希望妈妈在深夜打牌的时候不要凉着膝盖了。”

韩梦柯妈妈很是尴尬，赶紧澄清：“我好久都没摸了，以后也不碰了。”

是的，韩梦柯的妈妈似乎“改邪归正”了，连头发都染黑回来了。韩梦柯快乐地笑着。

“我送给妈妈的是一双手套，尽管离冬天还很远。”张乐怡有点不好意思地说，“不要小看了这双手套，这可是我找人学了整整一个星期才学会的，晚上趁爸妈睡着了我一针一线织了很久，我的手还被针扎出血了呢……”

轮到晏菲儿时，她坐着没动，似乎在发呆。

“晏菲儿，菲儿。”唐老师连叫两遍，晏菲儿仍没回过神来。

熊娇娇用胳膊碰了晏菲儿一下，她才极不情愿地站起来。她的手上没有礼物，只有一篇纸。

沉默，令人窒息的沉默。

“怎么了，菲儿?”唐老师赶紧走到晏菲儿跟前。

“我没有妈妈。”晏菲儿低垂着眉眼，尽管她的声音很低，但大家还是听得很清楚。

唐老师似乎没有想到这一点，表情有点尴尬同时也为自己的粗心后悔。大家也吃惊不已，瞪大了眼睛望着晏菲儿。

四十六

“在我还没有多少记忆的时候，妈妈便走了。但是，我有一个像妈妈一样爱我的爸爸。”晏菲儿抬起头，语气里充满了自豪。

“为了我，爸爸每天要早起做饭，晚上还要辅导我功课。工作之余他还四处兼职，他希望能为我提供一个好的学习环境和经济条件。因为有爸爸的爱，所以有些时候我甚至忘记了自己是个没有妈妈的孩子……”

“可是最近一年多以来，我和爸爸的关系却发生了很大的变化。我不再喜欢爸爸，甚至还有点恨他。爸爸也觉得我没有以前那样懂事了。我几乎都不和爸爸说话……”晏菲儿的眼泪扑哧扑哧地掉了下来，落在了手里的白纸上。

往事又清晰地浮现在她的眼前。

去年夏天，一年一次的家长沟通会上，晏菲儿的爸爸不合时宜地提出：“不要给孩子布置太多的作业。孩子经常要做到很晚。”想到晏菲儿在灯下小小的身影，爸爸就心疼不已。

“我还不是为了孩子好。”晏菲儿的老师有点不高兴了，“现在的升学压力那么大，你不做就会落后。你以为老师愿意?”

晏菲儿的爸爸不懂察言观色，继续说：“国家教委不是规定要为孩子减负吗？平原市教育局不是也颁布了减负的文件了吗?”

“家长最好配合老师的教育，只有这样才会把孩子的学习搞好。当然，如果有不愿意配合的家长，我们也可以对孩子实行特殊政策!”晏菲儿的老师没有直接回答。

盛夏的天气说变就变。大片大片的云朵从天边漫卷过来。鸟儿惊恐地躲进了自己的巢里，风也不甘示弱，趁机将天地刮得混沌一片。闪电将天划开一道道口子，雨便倒也似的倾向大地。

晏菲儿不幸被特殊政策照顾。没过几天，晏菲儿的学习委员职务被取消了。不明就里的晏菲儿去问她的班主任，班主任老师头也没抬没好气地说："当学习委员会耽误你的时间！"

闷闷不乐的晏菲儿把此事说给他爸爸听的时候，他爸爸正在将菜往油锅里扔。

"那有什么？不当班干部又不少块肉？这样你还可以花多点时间在学习上。"晏菲儿的爸爸不以为然。

如果事情就是如此也就罢了，可接下来的事情彻底改变了晏菲儿。

以前上课的时候班主任老师很喜欢抽晏菲儿回答问题，而她回答的问题也经常受到老师的表扬。可自那以后，即使晏菲儿把手举得老高，老师也会假装没有看见。

刚开始晏菲儿还以为是老师没有看见，可有一天，老师提出的问题让所有同学都沉默不语，只有晏菲儿把手举得老高。

"没有人回答吗？"老师用眼光巡视了一遍教室，眼角的余光终于落在了晏菲儿身上，晏菲儿似乎看到了希望，她笑了笑，把手举得更高了。

“看来没有人能回答这个问题，好，我来讲，大家要用心听。”老师的话将晏菲儿的笑容冻结在了脸上。自那以后晏菲儿再也没举过手，尽管她并不知道是什么原因让老师看不见她。

不到一个月的时间，晏菲儿又被调到了最后一排。

“座位我们要定期调换，不搞特殊。”晏菲儿的老师这样对同学们说。

晏菲儿眼睛不好。当他的爸爸找到老师，希望老师能够考虑实际情况给晏菲儿调换座位时，老师“义正词严”地拒绝了。

更让晏菲儿绝望的是班里的同学们都慢慢得离她远去，包括她最好的朋友。

终于有一天她在路上逮着了她的那位死党：“你们为什么要躲着我?”

“我……”她的那位死党眼睛直盯着地上，脚不停地踢着地上的石子。

“到底怎么回事嘛，你快告诉我!”晏菲儿急得快要哭了。

“好吧，我还是告诉你吧！我妈不让我和你玩了。”死党接着说，“老师告诉我妈说，让我不要和你走得太近，说你会影响我的素质。”

“不要让老师知道是我说的哦，我走了！”死党丢下这句话，一溜烟地跑得没有了踪影，留下还在原地发呆的晏菲儿。

要知道以前晏菲儿可是老师的宠儿，而现在她却被各种“正当”的理由抛在了“荒野”之上。年幼的晏菲儿一下子不知所措了。短短的时间里，那个爱笑的、活泼开朗的晏菲儿被一双看不见的手“扼杀”了。

失落、苦闷充斥着晏菲儿那幼小的心灵，她不知道该找谁去倾诉。思来想去，她觉得这一切都是她爸爸造成的，于是她有些恨她的爸爸。但是看着爸爸辛苦忙碌的身影，她又知道她不该恨爸爸。可是她应该去恨谁呢？渐渐地，晏菲儿把自己囚禁在了自己的“牢笼”里，变得木讷而又寡言。

晏菲儿的爸爸是粗心的，他并没有察觉到女儿思想上的变化，只是有时忍不住要抱怨女儿变得不懂事和不体贴了……

“现在的学校不是好好的吗，转什么学？转学还要交借读费，你以为钱有那么好赚啊？”当晏菲儿跟爸爸谈起想转学的时候，晏爸爸想也没想就拒绝了。

晏菲儿没吭声，只是低垂着头任泪水一滴一滴往下掉。

看见女儿的眼泪和那伤心的模样，晏爸爸心疼极了。

“好了，好了，就依你！”爸爸说。

于是在本不适合转学的六年级下半学期，在临近毕业的时候，晏菲儿来到了光明小学。

“虽然今天是母亲节……但我要告诉我的爸爸：爸爸，您既是我严厉的爸爸也是我慈祥的妈妈……爸爸，请原谅我曾经的不懂事和不体贴！”晏菲儿站在座位上哽咽着，泪流满面。坐在教室后面的妈妈们和同学们的泪水也悄悄地从眼眶里滑落下来。

四十七

“菲儿，我们一起跳绳去。”下课后张乐怡和杨小婕走到晏菲儿跟前，盛情地邀请晏菲儿。

晏菲儿吃惊地抬起了头，似有点犹豫。

“走吧!”张乐怡上前去拉她。

“可我跳不好啊!”晏菲儿红着脸，极不自信地说。

“哈哈，我才跳得丑呢！经常踩着绳子。”杨小婕自我嘲笑道。

张乐怡疑惑地看着杨小婕，谁不知道她是班里的跳绳高手。

杨小婕忙向张乐怡眨眨眼睛。突然间，张乐怡回过神来。

“走吧，再不去人多了可不好加入了。”

她们簇拥着晏菲儿向操场走去。

当大家知道了晏菲儿的过去之后，都为错怪了晏菲儿而自责不已。同学们决心用自己的方式去温暖她。

“菲儿，这道题帮我讲讲吧，我想了好久都做不出来。”韩梦柯拿着一道数学题来找她。

“我看看，哦，是这样的……”晏菲儿热情地讲解着。

“菲儿，你来说说这篇文章主要讲的什么？”上课的时候，唐老师点名要晏菲儿说。

“这篇文章主要讲了……”晏菲儿的声音清晰又洪亮。

………

随着时间的流逝，同学们欣喜地发现，那个快乐而又自信的晏菲儿重新出现在了集体中……

是啊！只要世界充满了爱，还有什么样的伤痕弥补不了呢？

然而，朱雅娟却变得闷闷不乐了。下课后大家再也看不见她在教室里来往穿梭的身影，也听不到她的谈笑风生，即使那次她妈妈跌断了腿似乎也没能让她像现在这般苦闷。

“林林，你看我这件衣服如何？”杨小婕还是习惯性地喜欢问问林林。朱雅娟走了过去，她们好像突然想起了什么："不好意思，我们正要出去玩。"杨小婕连忙拉着林林一边解释一边朝教室门口走去。

笑容僵在了朱雅娟的脸上。

"让雅娟少出点或不出，大家有钱的就多出点。"梁逸轩和李俊杰正在规划野餐活动。

朱雅娟扫兴地回到了座位上。

如果在成长的路上，没有了成年人有意或无意的思想灌输，这个世界又会是怎样的呢？它会如我们初生时看到的颜色——湛蓝无尘吗？

朱雅娟似乎成了"贫穷"的代言词，大家也不知道在什么时候已经不自觉地将朱雅娟同贫穷等同起来了。

可这一切，到底是什么造成的？这一群孩子并不知道，毕竟他们还年幼。

时间会让人遗忘一切，可是岁月的河流，真的能冲走一切吗？

四十八

“燕子去了，有再来的时候；杨柳枯了，有再青的时候；桃花谢了，有再开的时候。但是聪明的你告诉我，我们的日子为什么一去不复返呢？是有人偷了他们吧，那是谁？又藏在何处呢？是他们自己逃走了吧，现在又到哪里呢？

我不知道他们给了我多少日子；但我的手确乎是渐渐空虚了。在默默地算着，八千多日子已经从我手中溜去；像针尖上一滴水滴在大海里。我的日子滴在时间的河流里，没有声音，也没有影子。我不禁头涔涔而泪潸潸了。”

……

当张乐怡读着这段文字的时候，光明小学的校园里正弥漫着一种“长亭外，古道边，芳草碧连天”的离别气氛。

张乐怡试图努力回忆自己在光明小学这两年的校园时光，却发现它们也滴入了时间的河流里，没有了声音，也没有了影子。

张乐怡有些惶惑。惶惑的不仅是那些流逝的日子，还有无法预知的未来：自己能在这鳞次栉比的建筑群里找到属于自己的一片天地吗？

“张乐怡，你准备读哪所中学？”放学路上，叶智源问张乐怡。这是近段时间同学们彼此询问得最多的问题。

“不知道，现在还无法确定。管他的，大不了就读个一般的中学吧。”

当张乐怡说这话时，爸爸那疲惫、着急的神情又浮现在她的眼前。为了让张乐怡上一个好的学校，张乐怡的爸爸连店里的生意也顾不上了。

“哎，现在这个社会，没有一点关系，想办点事实在是太难了！”这段时间张乐怡总是无意中听到爸爸这样的叹息。

“小怡，要不找下你同学小婕？她妈妈不是在教育局吗？你不是说她能上联中（本市最好的重点中学）吗？兴许她能帮上你。”张乐怡的妈妈“病急乱投医”，竟将主意打到了张乐怡同学头上。

张乐怡有些悲哀。

“亏你想得出来。”张乐怡的爸爸有些愠怒。

“我还不是为了孩子。你跑了这么多天，低头哈腰的，烟酒钱花了那么多，连点头绪都没有。再这样下去，好一点的学校都被别人抢占完了。”妈妈回敬爸爸。

张乐怡有些手脚无措地站在爸妈中间，一向互敬互爱的爸妈为了她升学的事情竟吵翻了。

爸爸瞪圆了眼睛，刚想发作，突然意识到什么，转过头对张乐怡说：“这儿没你的事，你去房里看书吧！”

然后又压低了嗓门对妈妈说：“让我再想想办法吧。反正不能委屈了孩子。”

张乐怡怏怏地回到房间，站在窗前，尽管外面的阳光是那么的灿烂，而她却嗅到雨季来临的气息。

临近毕业的教室里，依旧热热闹闹，大家都忙着在彼此的留言册上留下祝福的话语。

此去经年，这种热闹的场景是否也会像一滴水滴在大海里没有声音，也没有影子？

张乐怡有些伤感地站在窗台。

“你怎么啦?”见张乐怡一副发呆的模样，林林碰了碰张乐怡的胳膊。

“没什么。”

“你决定去哪所学校没?”张乐怡回过神来，问林林。

“我?只能等微机排号呗。”林林叹了口气，“不过，即使运气好摇到一个稍好的中学，我去的机会也不大。妈妈准备让去郊县读，听说那里的收费低。”

两人突然沉默不语。

不经意间，张乐怡看见校园西北背阳的墙角，有一种叫不出名字的花，不知道什么时候已经静静地开放了，一团紧挨着一团，争奇斗艳，热闹非凡———它们并没有因为缺少阳光和人们的注视而放弃绽放的权利。

张乐怡静静地看着那些花朵，竟然有一种说不出的忧伤和向往，不过，你看不到。六月的阳光正暖暖地照在她的眼眸上。

尾　声

生活并不总是以大喜大悲的面貌出现，所有的故事也不一定都有一个结局。真实的人生有时候平淡得如同一杯白开水，但谁又离得开呢？

岁月的河流悄无声息地流过春夏秋冬，四季的冷暖不仅反映在景物上，也滑过这群孩子的心间，这和年龄无关。

杨小婕毫不费力地拿到了省重点中学的通知书，梁逸轩凭借奥数一等奖被联中点招了，李俊杰以琵琶特长生进入了师大附中，韩梦柯和魏翔鹏去了私立中学，林林和朱雅娟本来可以上一个好点的学校，可因为给不起高昂的择校费，最终选择了很少有人愿意去读的学校……

紧紧握着毕业纪念册，没来由地，张乐怡听到心底深处有低低的叹息声。慢慢地收拾起书本，环顾一下曾经熟悉的教室，张乐怡知道当她背上书包跨出校门的那一刹那，童年的大门就会在她背后悄然关闭。

有风拂过，树叶们便愉快地舞蹈着。突然，几只风筝闯进了张乐怡的视野，它们跌跌撞撞，忽高忽低，任风向如何，却总努力向上，逆风飞扬着。

仰望着蓝天，有洁白的云朵从眼前慢慢飘过，有不知名的鸟雀欢笑着从高空飞向树梢，瞬间又啁啾着拍翅冲上云端。云朵是自由的，鸟雀是自由的，张乐怡的心也是自由的。

想着即将告别童年，走向那充满希望的少年时光，张乐怡的心也似冲出藩篱的小鸟，直冲云霄……

后　记

纵观现在的儿童文学读本，我惊讶地发现：不管是国外的还是国内的，大多数作品都是满满的真、满满的善和满满的美。我承认，儿童的世界是美的，也应该是美的，儿童的心里理所应当装满真善美。所以我们成年人，尤其是老师便不遗余力地给孩童搭建或者说打造了一片和美的天空。

可是，我又发现，当我们以大量的充满着真善美的文本或者思想来教育我们的孩子的时候，我们的孩子便天真地以为：外面的世界也定然如同自己的家庭和校园一样满是真、满是善、满是美。

十多年前，那是一个炎热的下午，我正坐在办公室里批改试卷。一个女孩敲响了办公室的门，说想要跟我好好地谈谈。

那是一个活泼开朗的女孩，马上就要十二岁了，有着男孩子一样的性格。她喜欢看书，各类书，然而她情感细腻，总会因为书中主人公的命运或哭或笑。

她刚一开口就泣不成声。因为，她遇到了困惑，一个她怎么也想不明白的困惑。

她说，周末的时候，她和父母去郊外玩，那里有一片池塘，塘中大约养有鱼，所以池塘的主人竖了一个“严禁钓鱼，违者罚款”的牌子。可是，她却清楚地看到一个叔叔，就那么悠闲自在地坐在池塘边上垂钓。

想到平时老师和家长的教育，于是她走过去义正辞严地去劝说那叔叔。结果，她挨了叔叔的一顿臭骂，且那些骂中还夹杂着一些肮脏的字眼。她很是生气，和叔叔理论，可最后还险些挨一顿打......

于是，她困惑了。

她不解的是，世界上怎么会有如此不讲道理、如此丑恶的人？

她不解的是，为何外面的世界和自己平时所接受的教育、和自己所读的书本中描写的不一样？不光是不一样，甚至可以说相反！

我不记得当时是如何劝解这个小女孩的了，可那天她那失望的眼神和哭泣的神情还清晰如昨。

其实，困惑的不只是她或者还有一些像她一样的孩子，说真的，我也很困惑，很困惑。

我们生活的世界是丰富的、多元的，有真善美必然也有假丑恶。教育也不例外！

真善美不一定永远是真、善、美，假丑恶在一定的时间或者一定的场所也可以是真善美，就像《灰姑娘》里的继母对于她自己的女儿来说，不也是满满的真善美吗？

即便是那无私的阳光，在普照大地的时候也会有无法照耀到的角落。所以，我认为，作为家长也好，作为老师也罢，我们不应该回避那些存在的灰暗。

呈现出世间的不完美，揭示生活中存在的灰暗，并不是要给孩子传递负能量，相反的，我希望我们的孩子能更真实，更真切地了解生活，在懂得世界的基础上健康成长，于是才有了我的这部小说的诞生。

我想通过对小学生的物质与精神现实的捕捉与描绘，并“以孩子之见”述说眼前现实的纷繁复杂，进而坚持对真、善、美的诉求。

客观地呈现这个社会以及教育领域中不那么光彩的一面，不故意掩饰矛盾，不回避实质性冲突，我的最终目的是想让读者来反思我们的社会和教育，从而让我们的社会和教育走得更好。

其实，不管是哪种存在的方式，只要我们有一颗向真、向善、向美的心，那就足够了。

胡蓉

2016.12